U0910496

谢谢你讲给我听

——写给少男少女的成长书

◎仪修文 著

山东城市出版传媒集团·济南出版社

图书在版编目（CIP）数据

谢谢你讲给我听：写给少男少女的成长书 / 仪修文著. —济南；济南出版社，2018.6

ISBN 978 -7 -5488 -3263 -8

Ⅰ. ①谢… Ⅱ. ①仪… Ⅲ. ①青少年—心理健康—健康教育 Ⅳ. ①G444

中国版本图书馆 CIP 数据核字（2018）第 124641 号

出版人　崔　刚
责任编辑　张伟卿　姚晓亮
装帧设计　宋　逸
出版发行　济南出版社
地　　址　山东省济南市二环南路 1 号（250002）
编辑热线　0531 -86131741
发行热线　0531 -67817923　86922073　68810229
印　　刷　济南新科印务有限公司
版　　次　2018 年 6 月第 1 版
印　　次　2018 年 6 月第 1 次印刷
成品尺寸　170mm ×240mm　16 开
印　　张　9.5
字　　数　123 千
印　　数　1 -5000 册
定　　价　38.00 元

目　录

第一章　友谊的形状

哎呀呀！“绿眼妖魔”造访了

余光丽： 你身边有才貌双全的人吗？你感到很有压力是吗？

很不幸吧！偏偏我就遇到了，她就是逄玫。

逄玫是我们班的文化部长，不但长相漂亮、成绩优秀，而且口才好、能力强。她的若干优秀表现，同学们有目共睹，似乎也都心悦诚服。当然，她也成了各科老师的掌上明珠。

可是，作为逄玫的小学同学，我表示不服！小学六年，我俩都是班干部，学习成绩也不分上下。我们一起策划“六一”活动节目，一起参加学校大队委的竞选，一直互相鼓励，总是形影不离。可是，万万没有想到，升入初中之后，情况却突然发生了改变。我俩都竞选班干部，她顺利当选，我却名落孙山。这让我很生气，我心里不断嘀咕：不就是因为她爸爸在报社工作，帮助她发表了几篇文章吗？我还听说，班主任是她的远房亲戚呢！

自从逢玫当上文化部长，我就立即和她疏远了。我就看不惯她整天匆匆忙忙的样子，今天设计板报，明天组织大家给同学过生日，似乎总有干不完的工作。老师在课堂上经常表扬她，而老师一表扬，她就心花怒放。哼！谁不会呢，要是我当文化部长，保证干得不比她差。

有一次，在教室走廊上碰到逢玫，我就故意阴阳怪气地嘲讽说：“老同学，你可真是日理万机啊，好像比校长还忙！”

逢玫听后先是一愣，但她马上就笑呵呵地走开了。

哼！假装胸怀宽广！我禁不住在心里大声嚷嚷。

期末考试的时候，“日理万机”的逢玫的成绩依然是名列前茅，而整天“无所事事”的我呢，竟然差点就在班里垫底儿了。这让我更加恼火，越发看她不顺眼了。

“知道吗？考语文的时候，逢玫作弊了！”我偷偷地对同桌说。“千万不要告诉别人！”我又强调了一句。说完这些话，虽然我心里也有些不安的感觉，毕竟我是在诽谤，但是，我还是希望以“大嘴巴”著称的同桌能迅速把我的话四处传播。

可是，让我深感意外的是同桌好像并没有传播，因为，班里根本就没有出现大家都对“逢玫作弊”的事议论纷纷的景象。我觉得，这是因为她是文化部长，经常帮助班主任对大家进行综合素质评价，所以同学们都不敢说她的坏话！

想到这些，我心里就更加不爽了。于是，期末评比匿名打分的时候，我偷偷地给逢玫打了一个很低的分数。可是，打分表交上去以后，不知道为什么，我心里竟然还有点儿后悔……

仪老师，你说我这是怎么了？难道被什么东西蛊惑了？

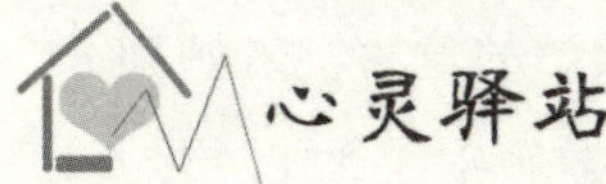

心灵驿站

仪老师：逄玫和余光丽原本是关系密切的好朋友，因为进入初中后，逄玫表现特别优秀，心里不平衡的余光丽就再也看不到逄玫的优点和长处，对逄玫不但言语上冷嘲热讽，行为上冷淡疏远，还不惜采取弄虚作假、造谣中伤的不光彩手段。可以肯定地说，余光丽是产生比较明显的嫉妒心理了。

嫉妒心理是青少年很常见的一种心理状态，是一种不稳定的情绪体验，是当看到自己喜欢的东西被别人获得、别人拥有比自己优越的条件时心中产生的不愉快的情感。这种情感包含着抱怨、憎恨等成分，是一种想保住自己的优势而极力排斥、贬低别人的心理倾向，也就是俗话说的“红眼病”。嫉妒就内心感受来说，前期表现为由攀比到失望的压力感，中期表现为由羞愧到屈辱的心理挫折感，后期则表现为由不服、不满到怨恨憎恨的发泄行为。余光丽的种种行为，就是这种心理的典型反映。

产生嫉妒的原因有很多，比如个人强烈的欲望、彼此存在竞争、自己的优越感被破坏、自我意识增强、缺乏自信、家庭教育存在误区等。正在成长的中学生比较容易产生嫉妒心理，尤其是那些报复心特别强的孩子。

嫉妒心理危害很大。嫉妒心强的人往往心胸狭窄且事事好胜，不能容忍别人的优秀，常常想方设法阻止别人的发展，或者挖空心思地用流言蜚语中伤别人。这种人很难发现生活的美好，很难交到知心朋友，长此以往必然会影响身心健康。巴尔扎克说过：“嫉妒的人比任何不幸的人都痛苦，因为别人的幸福和自己的不幸，都将使他痛苦万分。”另外，大量案例表明，很多青少年违法犯罪的起因与嫉妒心理有密切的联系。

那么，生活中怎样避免嫉妒心理的产生呢？

首先要对自己有正确的认识。既要客观公正地评价别人，也要客观公正地评价自己。尺有所短，寸有所长。一个人不可能事事都走在别人的前头，要懂得“天外有天，人外有人”。喜欢自己、接受自己，客观看待自己和别人的长处，是避免产生嫉妒心理的前提。其次要明白嫉妒的危害。嫉妒别人，不仅会影响自己的身心健康，而且，因为整天沉溺于嫉妒别人之中，没有精力去提高自己。培根说过：“每一个埋头沉入自己事业的人，是没有工夫去嫉妒别人的。”所以，一旦发现自己出现嫉妒的苗头，不但要及时调整心态，做到宽容待人、尊重他人，还要集中精力努力学习，不断充实自己，减少“无事生非”的机会。余光丽之所以期末考试成绩差点垫底儿，与她整天嫉妒逄玫有很大关系。当然，正确面对生活中的挫折和不如意，提高自己的心理承受力，学会将心比心、换位思考，积极化嫉妒为动力，也是避免产生嫉妒心理的办法之一。

有人说：“在笼子里出生的鸟，会以为飞翔是一种病。”不难发现，被嫉妒的对象几乎都是比自己强的人，对条件不如自己的人不会产生嫉妒心理，谁见过百万富翁对乞丐产生“红眼病”？所以，被嫉妒者不但不需要为了和嫉妒者搞好关系而放弃自己的优势，而且还要充满自信地继续做自己该做的事，不要让别人的嫉妒阻碍了自己前进的脚步。同时，被嫉妒者还要胸襟宽广，只要诽谤不严重，就不要和嫉妒自己的人斤斤计较，不妨以此鞭策自己，让自己取得更大的进步。逄玫的做法就很值得效仿。当然，生活中能主动与嫉妒者沟通并赢得理解，积极给予对方鼓励和帮助，也是“化干戈为玉帛”的好做法。

莎士比亚说：“您要留心嫉妒啊，那是一个绿眼的妖魔！”你看，余光丽正是被嫉妒这个“绿眼妖魔”造访了呢！

你心里有“绿眼妖魔”吗？赶快把它赶走吧！

讲真，我不喜欢“三人行”

肖涵：说真的，我快要疯了！我的闺蜜汪书凝竟然和我最讨厌的万晨曦成了好朋友。

半年前，我第一次迈进中学时，遇到的第一个同桌就是汪书凝。她善意盈盈的面容让我倍感亲切，而且，她就像大姐姐一样无微不至地照顾我。后来我俩被调到一个宿舍。早上，她会准时叫醒我，我俩同时起床一起洗刷，结伴去餐厅吃饭后再一起到教室上课；上完课，我们又一起去餐厅吃饭，然后说说笑笑着一起回宿舍，真的是形影不离。

在我心中，汪书凝就像我的亲姐姐，我有什么悄悄话都会直接对她说。有什么好吃的、好玩的，甚至爸爸从国外带回的礼物，我都会给她留着……天地良心，我对她可是全心全意的。

可是，这种和谐友好的局面被一个人彻底打乱了，她就是我的小学同学万晨曦。小学时万晨曦就不愿意学习，整天吃喝玩乐。有一次她竟然偷了班里同学的铅笔盒，还死不承认，最后还是班主任出面找她谈了谈，她才把铅笔盒还给了那个同学。虽然这件事情班主任在班里没有公开说，但是私下里我们都知道了。所以，我们都对万晨曦敬而远之，谁也不愿意再和她做朋友了。

可是现在，她竟然转学来到我的学校，竟然又和我一个班，还和汪书凝

成了同桌。而且，不知道为什么，班主任竟然把她也安排到了我们宿舍，竟然和汪书凝成了上下铺。于是，去餐厅吃饭的时候，我和汪书凝的身边多了一个万晨曦。我感到别扭至极。有时她们俩竟然不顾及我的感受而单独走。看她俩说说笑笑很亲密的样子，我感到很难受也很生气。当我把自己的感受告诉汪书凝之后，汪书凝却说，班主任叮嘱过了，万晨曦家里遇到了困难，需要大家的关心、帮助和照顾。她还希望我放下前嫌，和她一起帮助万晨曦，我们三个并肩同行成为好朋友。

这怎么可能！本来我就比较讨厌万晨曦，现在，她又夺走了我的闺蜜，我会和她成为好朋友吗？

这件事情在我心里纠结很久了，我不愿意三人行！每当看到她俩说笑的样子，我就感到很失落。难道是我心胸太狭窄了？真正的友谊不都是专一的吗？为什么汪书凝竟然会喜欢我讨厌的人呢？如果她真是我的好朋友，就应该也讨厌万晨曦才对啊！

唉……仪老师，你懂得我现在的心情吗？我真的不是一个喜欢孤独寂寞的人啊！

仪老师：我懂得肖涵现在的心情，但是，我觉得肖涵对朋友的认识和思维方式需要改变和调整。

随着年龄的增长，青少年的独立意识逐渐增强，更加需要自己的空间，更加需要亲密伙伴。当发现好朋友与自己讨厌的人走得比较近时，心里会产生不舒适感，这是正常的心理现象。但是，这种正常的心理不但不可以任其发展下去，而且还要用正确的方式方法及时加以调整和处理。

对青少年来说，真正的友谊是什么呢？真正的友谊意味着信任、承担、分享，意味着理解和包容等。朋友间既相互独立又密切联系，可以通过互相学习、互相鼓励达到共同进步。把朋友看成自己的专属品，是对朋友的依赖，也是狭隘的友情意识。汪书凝出于善良和同情或者是受到班主任的嘱托，而对万晨曦照顾有加，这里面或许还有肖涵不知道的其他原因。肖涵仅凭借小学时对万晨曦的不良印象，就用以前的眼光看待现在的万晨曦，这显然不合适。人是会改变的，尤其是少年儿童，过去的缺点不一定会保持到今天。肖涵如果真的信任汪书凝并把她当作好朋友，是不是可以尝试着和她一起去帮助万晨曦呢？当靠近万晨曦以后，也许会发现她身上也有很多闪光点，也许三个人都会成为好朋友呢！建议肖涵试一试！

另外，肖涵应该尝试着去认识更多的朋友。每个人都是独特的存在，经历不同，性格迥异，不同的朋友会带来各种各样的体验和感受。把双眼仅仅放在汪书凝一个人身上，不但会给朋友增添压力，而且很难看到这个世界的丰富多彩。肖涵如果现在就放眼四周，说不定就会发现，班里正好也有一双或者几双眼睛正搜寻着友情呢。

思想家彭威廉说：友谊是精神的默契，是心灵的相通，是美德的结合。肖涵，你要相信自己，也相信自己的朋友。我相信，打开心扉之后，你会感受到更多的友谊之光。加油！

他只是在课堂上多看了她几眼

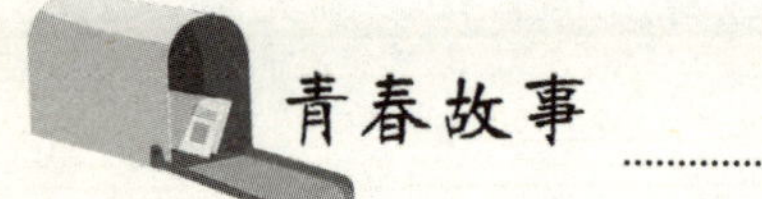

青春故事

高彦志：气死我了！就因为我当着全班同学的面说了一句话，我的同学伍尚德竟然抡起板凳打了我！

那天，正是上午的课间操时间，因为天气不好，学校通知跑操取消。于是，我和伍尚德“大动干戈”之后，就互相拉扯着闯入老师办公室，准备找我们的班主任评评理。

可是，班主任不在办公室里，曾经给我们代过课的闻老师临时当起了“判官”，问起了我俩的“官司”。

我抢先理直气壮地说：“老师，他抡起板凳砸我，砸着我的腰了。”说着，我用手捂着后背，蹙紧双眉，故意表现出疼痛难忍的样子。

伍尚德两眼简直冒火，他紧盯着我，愤愤不平地说：“你怎么不说说我为什么砸你啊？谁让你当着全班同学的面诽谤我、毁坏我的名誉的？”

我白了伍尚德一眼，很不服气地反驳道：“我说的是实话啊！就算不是实话，你也不能用板凳砸我的腰啊！”

伍尚德眯起本来就不大的双眼，用手指着我，很是不屑地说：“砸你算轻的了，要是你再胡说八道，看我不把你砸扁了！”

我俩互不相让，而且，随着争吵声越来越大，我们两个高大健壮的身躯也在渐渐地互相靠近着……

“暂停！暂停！”闻老师立即站到了我俩的中间，制止了我俩的争执。

闻老师先问伍尚德：“他当着全班同学的面说你什么了？”

伍尚德生气地说：“他当着全班同学的面，说我看某某看了一节课。他这样一说，别人会怎么想我？”

“我猜某某是位女生吧？”闻老师笑着说。

“就是啊！”伍尚德非常严肃地说，脸上竟然有种被羞辱的表情。

“呵呵……”闻老师忍不住笑了。

“这个女生很优秀是吗？或者是长得很漂亮？”闻老师假装不以为然地说，“我也喜欢看又优秀又漂亮的女生啊。看看又能怎样？说明不了什么！别人也喜欢看啊，即便他当众说你喜欢看人家，值得你这样大动肝火吗？”

“当然值得！他这样说，班里同学都会以为我喜欢某某呢，给我造成的影响是很坏的！”伍尚德依然很生气地说。

“嗯，我知道了。”闻老师点点头，对伍尚德表示同情。

然后，闻老师转向我，笑着问：“你说他看某位女生看了一节课，你是怎么知道的？难道你看他看了一节课？或者你也喜欢那位女生，所以才那么注意有多少人在上课的时候看她？又或者你们俩都在看那位女生，正好你们俩的目光相遇了？”

听闻老师这么说，我一时语塞，顿时感觉自己的脸上热辣辣的，可能还立即满脸通红了，就赶紧申辩说：“不是啊，不是啊，真的不是啊！”

然后，不知道为什么，我们仨都不由自主地笑了。

是啊，伍尚德只是在课堂上多看了我喜欢的那个女生几眼而已，至于我们俩这样大动干戈吗？

这时候，上课铃响了。我和伍尚德互相看了看，不约而同地向闻老师告别，然后就勾肩搭背地离开了，好像什么事情也没有发生过。

仪老师，你是不是觉得我们俩挺可笑啊？

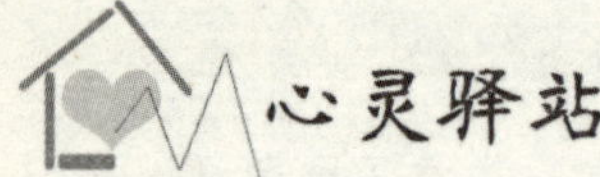

心灵驿站

仪老师：我没觉得高彦志和伍尚德可笑，倒是觉得他们两个怒目相对后又勾肩搭背的样子很可爱！他俩的表现，恰恰反映了青春期男生普遍存在的不冷静、容易冲动的特点。

从高彦志的叙述来看，我感觉他平日里可能比较喜欢调皮捣蛋，忽然发现别的男生也对自己喜欢的女生感兴趣，心里感到有点不舒服。他当着全班同学的面说伍尚德看那位女生看了一节课，也许是想搞恶作剧开个玩笑而已，也可能是不自觉地用这种方式引起那位女生对自己的注意，刷刷存在感，没想到却把伍尚德激怒了，于是就发生了开头的一幕。

我想为闻老师的处理方式点赞。她既没有被假装受伤的高彦志迷惑，也没有立即对“被告”伍尚德严厉批评，而是认真倾听了两个当事人的诉说，初步了解事情原委，然后根据自己的经验和判断，一针见血地指出了高彦志在这件事情背后的心理活动，使得貌似剑拔弩张的两个男生的矛盾立刻烟消云散，而且还勾肩搭背地离开。这是既懂青少年心理又会处理问题的老师，正在成长中的青少年遇到这样的老师是幸运的。

对于这件事，我想特别强调的是：当伍尚德听到高彦志说的话后，立即拿起板凳打人的行为，很值得引起我们的注意和深思。也许，伍尚德拿起板凳抡过去并无恶意，仅仅是想吓唬一下对方而已。但是，他可能没有想过，一旦失手砸到了对方的要害部位（比如头、眼睛），危及对方的生命，或者给对方造成残疾，那伍尚德不但要受到惩罚，而且，从此以后，他的生命里也会因为这个过失造成的恶果而终生不得安宁了。所以，迈入初中后的男生，到了容易冲动的年龄，遇到任何事情，首先一定得注意调控自己的情绪，努力保持冷静。

另外，我猜想，伍尚德可能确实喜欢那个女孩，但也许还处于小秘密阶段，或者他已经对女孩有所表示，而女孩没有回应，又或者遭到了女孩的拒绝，他正忍受着被拒绝的痛苦和不被重视的耻辱呢。自己的小秘密忽然被高彦志当着全班同学的面戳穿了，他恼羞成怒举起了板凳，似乎也在情理之中。所以，在生活中，如果发现班里同学有什么特别的表现，私下里调侃一下也就罢了，切不可当着众人的面小题大做胡乱吆喝，说不定就会伤害到同学的自尊心呢！

看来，应该好好说一说关于青春期男生女生的事情了。无论是男生还是女生，一旦发现自己对异性同学产生好感，或者被自己并不喜欢的人纠缠，应该怎么办？别着急，我会在后面的文章里再谈。

呀，她被他“纠缠”啦

青春故事

宫琍瑜：唉！真不好意思说出来！谁能相信，性格开朗、心地善良的我，目前正遭遇一位初二年级男生的“纠缠”呢，真是烦死人啦！

这个男生叫魏思理，和我在同一所学校上学，算是我的学长。虽然我俩不在同一座教学楼上课，但他经常跑到我们初一年级楼上来找我。有时下课后我还在做题，他就在我班的教室门前晃来晃去，时不时地朝着我挤眉弄眼，一看见我出来就立即凑过来，找各种无聊的理由和我聊天。不仅如此，中午在餐厅吃饭的时候，他还经常跑到我们初一的队伍里，插队站在我身后，然后趁我不注意时翻我的书包，甚至不经过我同意就擅自拿走我喜欢的东西。

这样一来，班里很多同学都以为我俩是“男女朋友”，一些好事儿的女生经常在我背后指指点点，有些调皮的男生甚至以瞎编一些不堪入耳的话题，在班里传播为乐，真是满城风雨，简直气死了！

其实，我根本就不愿意和魏思理交往。他整天吊儿郎当的，一副不求上进的模样：不爱学习，就喜欢玩网络游戏；我听说他还曾经把一个低年级的小男孩打哭过，还和一些社会不良青年交往呢。记得小学语文老师早就说过，近朱者赤，近墨者黑。我可不想和这样劣迹斑斑、毫无正能量的人交往，以免受到不良影响。

但是，因为我和魏思理是小学同学，而且当时都是学校合唱团的，儿童节时经常一起演出，所以比较熟悉。说实话，那时候他虽然学习成绩一般，但是说话幽默、对人热情，经常帮助大家干这干那，让人感觉挺可爱的。谁料到上了初中以后他竟然变成了这个样子！目前，我俩又在同一所学校里，对于他找我聊天、翻我书包拿东西等行为，我真的不好意思断然拒绝。但我又确实不愿意再和他交往了，我根本就不想把他当作好朋友，被他这样“纠缠”着真是苦恼死啦！所以，只要看见他出现在我教室门口，我就躲起来，甚至连洗手间也不去了。中午去餐厅吃饭，我就像商场搞活动时抢购商品的大妈似的，急匆匆跑去，胡乱吞几口饭，然后再急匆匆跑到宿舍，天天就像躲瘟神似的躲着魏思理。我的天哪！这种日子什么时候是个头啊！

我最喜欢的两句流行语，一句是：风景是一种心情，而好心情常常是自己的发明；另一句是：没有天生的强者，一个人只有站在悬崖边的时候才会真正坚强起来。

仪老师，我感觉自己的心情糟透了！我现在就有一种站在悬崖边上的感觉！我该怎么办才好呢？

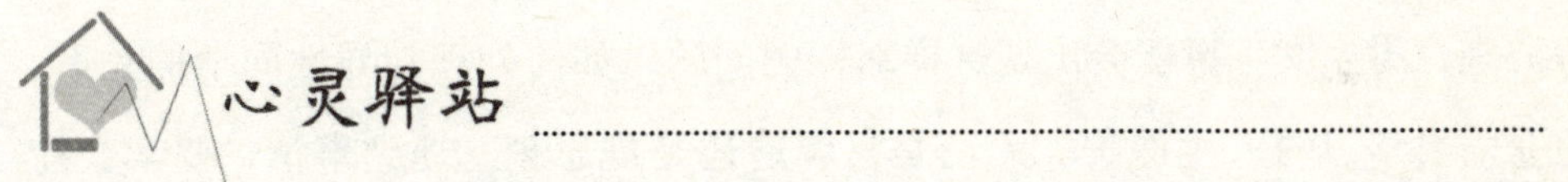

仪老师：从宫珮瑜的诉说来看，我觉得魏思理可能是对她产生好感了。到了青春期，对异性同学产生好感是正常的，不知道怎么处理这份“突如其来”的情感也在所难免。在我的印象中，男生因为追求喜欢的女生却追而不得，从而产生困扰的大有人在，像宫珮瑜这样被男生“纠缠”而苦恼的女生也不少见。

生活中，很多老师和家长一旦发现孩子出现这种情况，往往如临大敌、小题大做，就仿佛这些“对异性产生好感”的孩子十恶不赦，殊不知这样会适得其反。大人们应该默默观察、慢慢渗透，耐心引导孩子自己动脑把问题解决，青少年就是在不断解决问题的过程中慢慢成长的。

而对宫珮瑜来说，如果真的不愿意和这个魏思理做朋友，首先应该反思一下：是不是自己的某些言行，给了魏思理你喜欢他、愿意把他当作好朋友的信息，从而在某种程度上给了他鼓励和勇气，让他可以丝毫没有顾虑地经常去找你？其次，采取在教室和餐厅躲避魏思理的方法是解决不了问题的。躲得了一天，躲得了一个星期，能躲得了两年吗？要想彻底解决问题，就得坦然地勇敢面对。宫珮瑜可以这样做：当魏思理再找你的时候，你要明确自己的态度，直截了当地告诉他，你不喜欢吊儿郎当的男生，你不希望他这样经常"骚扰"你。如果你觉得自己实在说不出口，可以通过你俩共同的同学给魏思理传个话：他的这些行为已经影响到你的生活了，你不愿意再继续和他交往，请他不要再打扰你了。这样，既可以表明自己的态度，又可以避免伤害魏思理的自尊心，也不至于把彼此的关系搞得很尴尬。我相信魏思理收到明确的信息以后，一定会有所改变的。当然，如果用行动明确了自己的态度之后，魏思理还继续像以前那样"纠缠"你的话，可以再找老师或者家长一起想想办法。

步入青春期，随着身心的发育和情感的丰富，加上盲目从众、寻求寄托等心理，男生女生可能会出现这样那样的问题，如何处理与异性同学的关系，也是需要学习的人生课程。无论是宫珮瑜还是魏思理，遇到事情，要学会冷静思考和自我调控。在做事情之前，先想想自己的行为可能带来的后果，做自己应该做的，不做不应该做的，学会对自己的行为负责。

现在，如果你也在为斩不断理还乱的"纠缠"而备受折磨，那么，别担心，请勇敢面对，这样才能解决问题。努力改变现在，才能迎来一个更加美好的未来。

友谊的小船说翻就翻？

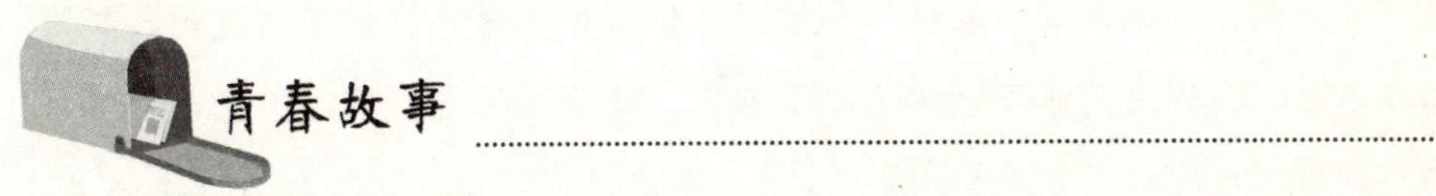

梁九思：谁都知道，肖志伟是一个很难相处的家伙。他脾气很大，心胸狭窄，同桌不小心把他的衣服弄脏了，他就立马火冒三丈破口大骂。平日里，他只关心自己那一亩三分地，对别人的事儿充耳不闻。有一次，学校里一个女生因患淋巴癌住院了，班里同学纷纷捐款，他却说："她生病关我什么事儿呢？我爸爸也不是富豪。"久而久之，班里的同学都不爱和他交往了，更没人愿意和他做朋友。

但是，我除外。本来我就喜欢与人交往，喜欢助人为乐，所以我的朋友比较多。我和肖志伟又是小学同学，而且因为我们都生活在单亲家庭，所以很长一段时间里，我俩因为同病相怜而关系很铁。

说来话长，我俩的父母几乎是同时离婚的。那个时候，每当放学，大家几乎都有人来接，而我总是一个人，胸前挂着钥匙，坐公交车独自回家。时间久了，我发现总是和肖志伟不期而遇。后来才知道，原来他的父母也离婚了。于是，虽然性格迥异，生活习惯也不同，但是相同的境遇让我俩成了经常做伴、无话不说的好朋友。这种情形，一直持续到我们同时上了初中，并且又被编排在同一个班里。

可是，现在，让我时常感到困惑不已的是，我发现自己和肖志伟之间产生了距离。一方面，我想考入理想的重点高中，然后考入我理想中的大学，而要实现自己的梦想，现在就必须努力学习，提升自己的各项能力。但另一方面，我很重情义，每当肖志伟等朋友遇到困难和麻烦，我总是义无反顾地积极帮助，而这些往往要牵扯我很多精力，花费我很多时间，有时候让我感到左右为难。

但肖志伟不是这样的，我看他有破罐子破摔的意思，上课无精打采的，课后偷偷去网吧玩耍，学习成绩更是一塌糊涂。我也试着提醒过他，但他总是不以为然，还振振有词地说："你聪明，你爸爸又有钱，你可以使劲儿折腾。但我不行，我不愿意学习，学了也学不会。反正我觉得，我能像我爸爸那样，当个送水工就可以了。"他依然故我，游荡度日。不仅如此，现在肖志伟还喜欢上了初一的一个女孩子，每当下课，他就拽着我到初一级部去看那个女生，他把我当挡箭牌了。有时候我还因此耽误了上课而挨老师批评。

这是我很不情愿的。但是，作为肖志伟的好朋友，我又不能翻脸，我一旦翻脸了，那我俩友谊的小船也说翻就翻了。

唉，我真的不知道自己应该怎么办啦！仪老师，我迷茫了，你帮我分析分析吧！

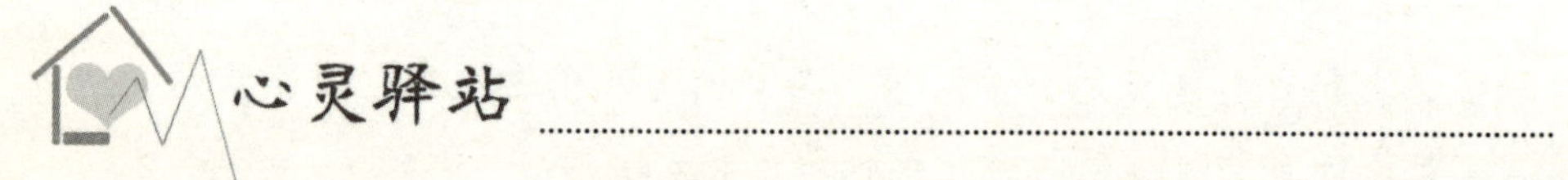

心灵驿站

仪老师：一边是自己要奋力追逐的梦想，一边是需要帮忙的朋友。不知道如何处理好这两者之间的关系，梁九思因此而遭受困扰。

首先，梁九思有自己的追求和梦想，并知道要为之努力，这是非常难能可贵的。无论父母情况怎样，只有依靠自己的力量，才能真正改变自己的状况，将来才能过上自己想过的生活，也才能在父母需要自己的时候，承担起更多的责任和义务。所以，目前情况下，集中精力、脚踏实地努力学习，是梁九思最应该做的。

而在朋友需要的时候，愿意尽一切力量提供帮助，说明梁九思非常重情义，这也是他朋友众多的原因之一。但是，就目前情况来看，初中学生经济不能独立，自己还需要父母的资助，除了精神层面，哪有很大的力量帮助自己的那些朋友呢？要想更好地帮助朋友或者更多的人，在目前让自己长本事的年纪，就要先集中精力长本事。只有真正有了能力以后，当朋友需要的时候，无论是精神上还是物质上，你才能轻松地为他们提供帮助，才能真正尽到作为朋友的情谊。

友情是我们特别渴求的一种心理需要，是帮助我们健康成长不可缺少的精神营养。友谊虽然很重要，但要正确选择和把握。青少年在寻求真挚友情、热心交友的过程中，一定要分清“益友”和“损友”，切不可随随便便、良莠不分。古人说“近朱者赤，近墨者黑”，也说明慎重交友的重要性。一个人交什么样的朋友，对其成长、发展有很大的影响。我们在积极寻找朋友的过程中，应该注意慎重交友，努力做到善交益友，乐交诤友，不交损友。

友情能使我们相互启发、取长补短、相互激励，有助于我们增长智慧和才干，更快地进步和发展。真正的朋友是使人奋进的。那些整日围在你身边，陪你玩陪你疯的人，不一定是真正的朋友。在你快乐的时候不去奉承，在你需要的时候默默为你付出、关心你的人，那才是真正的朋友！

真正的友谊不是哥们义气，是讲原则的。好朋友，就是要一起努力，共同进步。作为肖志伟的好朋友，梁九思不但要坚持过自己有追求有梦想的日子，不受肖志伟不良思想和行为的影响，而且，还要继续劝诫并帮助肖志伟走出自暴自弃的泥潭，过积极上进的生活。如果肖志伟再拉着梁九思去学妹的教室，梁九思应该怎样做呢？要坚决拒绝，并规劝他停止这样做。如果不拒绝，他以后可能还会得寸进尺，那时候，可能就无法阻止他堕落的脚步了。

当朋友有困难的时候，关心他、帮助他、爱护他。当朋友出现缺点和错误时，直言不讳的批评、坦诚相见的劝告，就会成为一剂良药，催人猛醒。如果是这样，友谊的小船哪能说翻就翻呢？

“早恋”像一缕青烟

青春故事

黄品尚：证据确凿，我“恋爱”了。请允许我像主持人那样侃侃而谈。

我喜欢莹莹半年多了，是真的喜欢。我时时刻刻想看到她，一旦碰面，却又不敢看她的眼睛，虽然有千言万语要向她表达，却心跳加速说不了话。

其实，我并不喜欢同学章峰华，但我却天天和他一起玩耍。知道为什么吗？因为他和莹莹是同桌，我需要从他那里了解莹莹的日常变化。我曾经让章峰华悄悄地问莹莹到底喜欢不喜欢我，结果，章峰华跟我说，莹莹毫不迟疑地回答：“从来就没有喜欢过。”

“她说这话的时候面部表情是什么样的？”我不死心地问章峰华，也许莹莹也喜欢我但不好意思承认呢。

章峰华十分肯定地说：“她毫无表情。”

我顿时感到难受极了，可能一点希望也没有了！

不怕大家笑话，为了接近莹莹，每天放学后我都跑到莹莹回家的路上去溜达，有时候甚至像壁虎那样挂在路边的栅栏上，只希望与她相遇，然后鼓足勇气告诉她我的真实想法。但是，这也只是想想而已。等莹莹和同学说笑着经过，我却像个白痴似的假装东张西望。

怎样才能引起莹莹的关注，并让这个女孩喜欢上我呢？

记得老师说过：要想让优秀的人喜欢上你，你就得有优秀的地方值得人家喜欢。因为我喜欢跳舞，也曾经在培训班学习过，于是我努力让自己更加“优秀”，积极参加学校的跳舞达人评选。可惜老天爷不帮我，我没选上。

后来，受到电影启发，在章峰华的怂恿下，在操场遇到莹莹的时候，我就大胆地拦住她并向她表白了。说实话，我只想亲耳听到她真实的想法，如果她亲口告诉我，她不喜欢我，我也就彻底死心了。

不出所料，虽然莹莹很吃惊，但她毫不犹豫地说：“你不是我的菜，我不喜欢你。”

虽然已有心理准备，但在莹莹说出“我不喜欢你”的一刹那，我竟然有心脏崩裂的感觉。我不明白为什么莹莹会不喜欢我，我各个方面也是比较优秀的，不少低年级女生还给我写情书呢。

目前，我和莹莹仍然在一个班，低头不见抬头见，我想说话又不知道说什么，真的很尴尬。而且，我的学习成绩已经大大下滑。更要命的是，章峰华这个大嘴巴竟然把这件事告诉其他同学啦！

仪老师，我的“失恋”不再是秘密，而且同学们人人皆知，好丢人哪！我可怎么办啊？

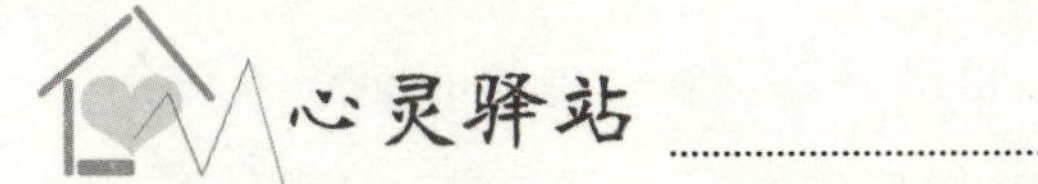

仪老师：毋庸置疑，“早恋”是一个敏感的字眼，许多家有初中生的父母，甚至一听到这两个字就紧张兮兮，有些班主任一听到自己班里有学生早恋就如临大敌。大家出现这样的反应不是没有道理，据了解，初中是“早恋”现象的高发期，目前有百分之四十多的少年有过“早恋”经历。

其实，在我看来，“早恋”仅仅是男女生产生好感而已。进入青春期的青少年，生理和心理开始走向成熟，对友情的需求，对异性的好奇，受到影视剧和从众心理的影响，加上浪漫的幻想，会在异性之间产生交往的渴望，甚至可能萌发对异性的好感或者爱慕之情，这都是青春期的正常现象。

那么，问题来了：对中学生来说，一旦发现自己对异性同学产生好感，该怎么办？干脆不和异性同学交往了？我觉得这是不可取的。正常的异性交往不仅有助于了解异性、学会与异性相处，还能够相互促进和共同进步，可以为将来的事业和生活等奠定良好的基础。

像成年人那样谈一谈？当然不行。因为中学生身心发育还不成熟，很难正确把握自己的情绪和情感。真正的恋爱是以承担责任为前提的，小小少年根本就不可能像成年人那样为对方承担。如果不对萌生的“恋情”加以约束，异性交往时会遇到很多困惑和麻烦，甚至像黄品尚这样妨碍学习和身心健康，影响个人成长。所以，在爱情生长的土壤还不完备的初中阶段，最明智的办法是筑好防线，拒绝接受和传播爱情的种子。

我觉得这样做比较可取：一旦发现自己对异性同学产生好感，首先，不必心惊胆战，也不要理会别人的大惊小怪。但是要知道：所谓的“早恋”不仅会分散精力、影响学习，而且中途分手等行为还会给双方情感和心理造成创伤，有害身心健康。所以，要了解深陷早恋的危害，分析早恋双方的将来，主动克制思想。其次，如果对方很优秀，又互相喜欢，我建议把这份好感转化成动力，在互相激励中让自己在各个方面都有更加优秀的表现。或许经过了解之后，彼此会发现对方有些特点自己并不喜欢。神秘的面纱一旦揭开，好感可能也就消失了。再次，如果发现自己已经深陷“好感”不能自拔，影响了生活和学习，或者意识到有“坠入情网”的危险，就必须积极采用转移注意力、有意疏远等适当的方式，让自己内心的喜欢慢慢地变淡，以坚强的意志把与异性的关系控制在正常的同学交往范围内。最后，如果产生了苦恼自己处理不了，就要主动寻求家长和老师的帮助，从他们那里寻找解决问题的方法和经验，接受他们的引导和疏导，理智地处理这份感情。这样，“早恋”带来的不良后果可能就不会出现。那时你会发现，青春期的“早恋”就像一缕青烟，很快就会在校园里飘散。

对家长来说，一旦发现孩子出现“早恋”现象，千万不必大惊小怪。罗素说过，回避绝对自然的东西就意味着加强。我在《说给爸爸妈妈的心里话》一书中也提到许多家长的做法，值得借鉴：直接或委婉地告诉孩子深陷早恋的危害，一起分析双方的将来，让孩子主动终止关系；教孩子将那份好感留在心底，将精力转移到学习和有益身心健康的活动上去，避免或停止早恋，等等。只要给孩子正确的引导和恰当的疏导，及时帮助孩子理智地处理这份感情，所谓“早恋”带来的不良后果就不会出现。

我的天！我被孤立了

青春故事

舒德琦：站在教学楼上，透过玻璃窗，我看见妈妈瘦小的身影出现在学校大门旁。我心里涌上一丝歉意，觉得真不应该让妈妈来学校找校长商谈我转学的事。

大家一定会问：刚刚步入初中三年级，怎么会产生转学的心思？

可不是嘛！想起这件事我就来气，就觉得自己真的是遭受了天大的委屈。

事情源于学校排练集体舞。那天，我们都兴奋地说说笑笑着来到操场上，然后按照班主任的要求，男女生分别排成两队，这样自由地按序结成舞伴。

可是，接下来发生的事，让我始料未及又恼羞成怒。前面的几个同学都顺利结成了舞伴，可是轮到我的时候，本来和我一排的晓丽却摆摆手，示意我后退一个位置。

我不屑地一笑，便后退了一个名次。晓丽是班长肖毅帅的女友，因为以前我和肖毅帅有过节，即便是她愿意和我一组，我虽然不会拒绝但也是不情愿的。

可是，就是我这一个后退的动作，却成了我噩梦的开始。站在晓丽后面的所有女生，竟然没有一个人愿意和我一组。于是，众目睽睽之下，我面红耳赤地继续后退着，后退着……我的天！连男生竟然也拒绝和我一组。就这样，本来我是站在队伍中间的，因为选舞伴，我竟然退到了队伍的最后一个，而且，孤零零一个人，没有舞伴！

这让我感到遭受了天大的羞辱！我不知道他们是不是事前一起商议过，然后串通一气，但我敢肯定，他们一定是遭受肖毅帅的蛊惑，利用这种恶劣的方式来打击报复我。

可能，肖毅帅对我过去一时冲动酿成的错依然怀恨在心吧，我想。那是初二上学期的一天，大家跑完操以后都满头大汗。口干舌燥的我飞奔着回到教室的座位上，竟然发现自己的水杯不见了。

我有点恼火地四处张望，发现肖毅帅的手里正拿着我的水杯呢。有点洁癖的我立刻怒火冲天地跑过去，一把夺过水杯，生气地说："不经过允许就拿我的水杯用，你确定自己没有传染病吗?"

肖毅帅一脸震惊地站在那里，好像不知道发生了什么事儿。我气呼呼地拿着水杯一溜烟儿跑到洗手间，反复冲刷干净。

可是，等我回到教室，却看到这样尴尬的一幕：我同桌拿着和我手里一样的水杯，正在使劲儿地对着肖毅帅解释。肖毅帅则酷酷地站在那里，双手抱着手臂，不言不语。

一群男生看见我回来了，立即群起而攻之，对着我劈头盖脸一顿臭骂。原来，是我误会肖毅帅了。我不知道我俩的水杯是一样的，刚才他手里拿的其实是他的，我的水杯就在桌洞里。

我没有解释，我想反正自己也不是故意的。但是，在接下来的日子里，我发现自己被大家孤立了。肖毅帅是班干部，我想大家可能是用孤立我来拍他"马屁"吧。

而现在，我万万没想到自己竟然被孤立到如此地步了，以后我在班里怎么生活？所以，我想立即转学离开这里。那天，操场上孤零零的我什么也听不进去，好不容易挨到放学，回家后我就把想法告诉了妈妈，就差声泪俱下以死相逼了……

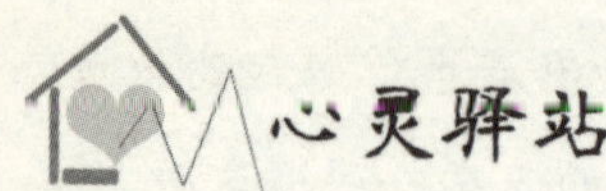

心灵驿站

仪老师：我能想象选舞伴时舒德琦所遭遇的尴尬，也能够理解此时此刻他想立即转学的心情。但是，我想说的是：事不至此，而且逃避也不能解决问题。

第一，我认为班里同学拒绝做他舞伴的事可能不是恶意为之。因为他与肖毅帅“有过节”，作为肖毅帅女友的晓丽可能是真心拒绝。至于其他同学，我觉得有可能是盲目从众的心理作怪，也不排除有搞恶作剧心理的因素。这个年龄的孩子，辨别是非的能力差，受周围环境影响，容易盲目从众；又因为正值青春年华，好动的脾性，喜欢趁机搞恶作剧，看别人的笑话。如果是这样，就不必太在乎。如果当时班主任在场，舒德琦主动把实际情况告诉他，我相信班主任一定会及时协调处理的，毕竟，这是班里的集体活动。

第二，舒德琦认为自己之所以被大家孤立了，是因为他们遭受了肖毅帅的蛊惑，或者是想拍肖毅帅的“马屁”，我觉得这种想法是错误的，因为不可能全班同学都这样做。我想有可能是舒德琦的性格比较内向，喜欢独来独往，平时和班里的同学不能广泛交往。因为交往不多，同学间互相不太了解也是正常的。而在和肖毅帅产生误会以后，舒德琦没有立即当面道歉，造成在部分同学心中留下知错不改的印象。我猜想，在接下来的日子里，可能舒德琦也没有用实际行动来证明自己抢杯子的事不是故意的。而且，因为他自己心里有个小结，就自以为是地认为肖毅帅是以班干部的影响力蛊惑大家来报复他了。其实，问题的症结更可能在舒德琦这里呢！以后多主动与同学交流交往，积极参加班级活动，心胸宽广一些、豁达一些，舒德琦的朋友一定会越来越多的。

第三，即便肖毅帅等同学确实是有意识地孤立舒德琦，那么转学就能解决问题吗？出现这样的事，转学就是选择逃避。逃避不但不能解决任何问题，而且还会让自己形成依赖心理：以后的生活中一旦遇到困难，不是积极主动地寻求解决办法，而是把希望寄托在他人身上。这样继续发展下去，是非常不利于舒德琦的健康成长的。我觉得他可以主动找肖毅帅谈一谈，把这个心结彻底打开，彻底消除彼此间的误解。他也可以主动找班主任说一说心里的想法，寻求班主任的帮助，脱离选舞伴时出现的尴尬境地。退一万步说，就算肖毅帅等同学故意整治舒德琦，他不但不能转学逃避，反而要以更加积极的态度参加集体舞的训练，绝对不能让肖毅帅等孤立他的人的“恶意”得逞。

第四，到了舒德琦这个年龄，求助是需要勇气的。他能把自己在学校的遭遇及时告诉妈妈，这是很值得肯定的做法。我相信他的妈妈一定是认真听取了他的倾诉，尊重他的想法，也没有回绝他的诉求，然后才来到学校的。但是，我认为他的妈妈绝对不会大包大揽地挡在他的面前，发誓要帮助他把这件事情彻底解决。因为如果那样的话，无论这件事情处理得怎样，舒德琦都可能会产生被忽略的感觉。甚至，他还可能会认为自己很没有用，凡事都要依靠妈妈帮助解决，内心会产生内疚。所以，我相信舒德琦的妈妈并不会直接告诉校长孩子要转学。她应该先找到班主任详细了解情况，然后对事情做出全面的判断。我也相信，如果舒德琦的妈妈了解到的情况真的如儿子所言，她是不会轻易同意让儿子转学的。因为即便是转学，也不能帮助儿子解决性格内向、不善交往、容易冲动、轻易逃避等问题。但是，舒德琦的妈妈能够认真倾听儿子的诉求，并愿意陪着儿子、与儿子一起想办法，我相信以后无论遇到什么困惑和烦恼，舒德琦会更加大胆放心地跟妈妈交谈，既让妈妈及时了解到他的想法，也让妈妈在陪伴自己解决问题的过程中，引导和参与自己的成长，这正是我作为二十几年的老教师所积极提倡的。有这样的妈妈，舒德琦就暗自庆幸好啦！

最后，我要告诉舒德琦一个小秘密：说来奇怪，第一眼看到这个名字，我竟然想到了三个字——“输得起”。是不是可以说，正如他的名字所示，这一次小小的挫折，就是让他懂得生活中要有“输得起”的意识和态度呢？

面对校园欺凌，岂能一笑而过

青春故事

孙东方：晚上吃饭的时候，看爸爸妈妈都在餐桌前就座，我鼓足勇气斩钉截铁地说："我想转学！"

妈妈大吃一惊，拿着碗筷的手竟然僵持在空中足足有三秒钟，她有点紧张又非常不解地看着我，问："为什么？在学校不是一直好好的吗？"

与妈妈相反，爸爸的态度就很不以为然，他嘴里一边嘎巴嘎巴地嚼着鸡脆骨，一边吹胡子瞪眼地说："你以为我是孙悟空啊，浑身都是本事，想干啥就干啥！我早就听说了，现在学籍管理很严格，转学得有充分的理由。你先说说，你想转学的理由是什么？"

说实话，我真不喜欢爸爸这种不痛不痒置身事外的腔调，有时候我甚至怀疑自己是妈妈从别人家抱养的。

"班里有同学老是欺负我！"话一出口，我就感到委屈的泪水似乎已经在眼里打转了。

"欺负你？夸大事实了吧？男孩子之间打打闹闹难免磕磕绊绊，一笑而过即可，你把这些都放在心里，心胸会变得很狭窄的。"爸爸使劲儿吞下一口米饭，就仿佛期末考试前自己作为班主任站在讲台上对同学们大肆洗脑一般。可是，这一次，毫不客气、很不礼貌地说：在我看来，爸爸这真是在一本正经地胡说八道。

我这样说是有原因的。班里的男生柳艳刚和王小壮实在是欺人太甚了，他俩一个是我的左邻，一个是我的右舍，都属于不学习、准备出国留学的家伙。因为自己的出路父母早就已经安排好了，所以无论是上课还是下课，他俩都是无所事事的，动不动就找周围的同学开涮。只要同学不乖乖地陪他俩玩耍，就会受到他俩想方设法的整治和折磨。因为座位挨得很近，他们经常搞突然袭击用手拧我的大腿，有时趁我不备反转我的胳膊，甚至，还当着全班同学的面经常用一摞书本狠狠地敲打我的头……说实话，如果是搞恶作剧我也就忍了，可是他们下手狠毒，我经常被弄得生疼生疼的。我对他俩真的是又讨厌又害怕，因为他俩，这个学校已经成了我的噩梦所在。

面对他俩的胡作非为，我曾经不顾一切地反抗过，也曾经因为这些事去找班主任反映过，可是，班主任的说法与爸爸的说法如出一辙，他说："同学之间，互相玩笑嬉戏是再正常不过的，偶尔出现点小摩擦，也不必太在意，胸怀要宽广一点，性格要开朗一些。我相信柳艳刚他们也不是故意的，你一笑而过即可。"

看看，连班主任都这样，在学校真的是没有说理的地方了。我知道自己的性格有点内向，不愿意与同学广泛交往，但是，这并不妨碍我在学校享受读书学习的快乐。我的学习成绩虽然在班级里不属于名列前茅的，但是，比柳艳刚他们好很多。说实话，看到他俩整天除了穿名牌、玩游戏，没有目标方向和精神寄托，我内心里是很不愿意与之为伍的。可是，也不知道为什么，班主任却一直把我与他俩安排在一个学习小组，座位也是紧紧挨着，说是让能吵闹的他俩和喜欢安静的我坐在一起，可以互补互助。我觉得对我来说一点儿也没有互补，反而是深受其害！

昨天，柳艳刚把我堵在洗手间里，非常气愤地对我说："我在厕所里抽烟的事儿，只有你一个人看见了，我警告过你要保守秘密的。但是，现在班主任却知道了，还要叫我的家长来到学校，是不是你嘴贱，去告诉班主任的？"说完，不等我辩解，他就用手掐住我的脖子，一下子把我摁倒在地上。他身高体壮，我身单力薄，眼睁睁只有受他欺负的份儿了。

其实，他在洗手间抽烟的事情，早就是班里公开的秘密，只是上一次凑巧被我撞见而已。每次抽完烟，他的身上都有浓浓的烟味，班里谁不知道呢。现在，他把责任赖到我头上，为了息事宁人，我又不能去找班主任说明情况。其实，即便是我去找班主任说明情况，班主任也会淡淡地回应一句“一笑而过”。

唉……想想这些，我实在不愿意在这个班里待下去了。如果继续待在这里，我想我会疯掉的。所以，我想转学。

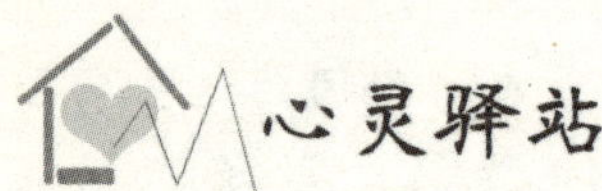

心灵驿站

仪老师：我曾经在微信朋友圈看到一篇题为《每对母子都是生死之交，我要陪他向校园霸凌说NO!》的文章，作者是北京某校学生家长，称孩子在学校遭同学“霸凌”，事后出现“急性应激反应”。文章迅速引发社会强烈关注。

2017年12月，教育部、中央综治办、最高人民法院等十一部门联合印发《加强中小学生欺凌综合治理方案》（以下简称方案），方案明确指出，中小学生欺凌是发生在校园内外学生之间，一方单次或多次蓄意或恶意通过肢体、语言及网络等手段实施欺负、侮辱，造成另一方身体伤害、财产损失或精神损害等的事件。

显而易见，从孙东方的叙述来看，他遭遇校园欺凌了。虽然他的遭遇没有出现微信文章中反映的孩子被同学用厕所垃圾筐扣头等那么恶劣的行径，但是，他经常被两个同学拧大腿、反转胳膊、用一摞书本狠狠地敲打头，甚至被扼住脖子摁在洗手间的地上。他对这两个同学又讨厌又害怕，因为他俩，学校也成了他的噩梦所在。

近年来，校园欺凌事件屡屡发生。根据《中国教育发展报告（2016）》，校园欺凌发生的地域范围广泛，覆盖了绝大多数省级行政区。中国人民大学中国调查与数据中心王卫东在《有多少校园欺凌不该发生》中称："数据分析结果显示，言语欺凌的发生率最高，有将近一半（49.6%）的初中生遭受过言语形式的校园暴力；其次为社交欺凌，有37.7%的初中生遭遇过校园内社会交往上的欺凌；而有19.1%的初中生在校园里遭受过身体上的暴力伤害；网络欺凌作为校园暴力的新形式，其发生率也达到了14.5%。"

那么，为什么会出现校园欺凌事件呢？综合报刊和网络各位专家的分析来看，主要原因有以下几点：

从学生自身因素来看，首先，处于中小学这个年龄段的学生，正确的世界观、人生观、价值观还没有完全形成，对法律缺乏敬畏心理。根据刑法规定，未成年人犯罪应当从轻或减轻处罚，未满14周岁的未成年人犯罪不负刑事责任，这也使得部分未成年人无视法律法规而肆意妄为，成为校园欺凌者。其次，有些学生的判断能力和辨别是非的能力还不足，容易产生盲目从众心理，看见别人有欺凌行为，不但不制止反而不假思索就加入欺凌者的行列。再次，有些孩子因为受家庭等各种原因的影响，或者冷漠、不善良，或者生活无忧、没有追求，整天无所事事，于是就挑起事端以欺凌弱势者为乐。最后，还有的学生受影视剧中暴力行为的影响，用各种方式寻找存在感以引起他人的注意，并以欺凌弱者来显示自己的强大和优势。

另外，有人认为，性格内向的孩子更容易遭遇校园欺凌，但这并不能说性格内向是不好的。有人喜欢闹腾，有人喜欢安静，有人喜欢张扬，做事情风风火火，有人喜欢内敛，做事低调，谨言慎行，这都无可厚非。但毫无疑问的是，与那些凡事能积极表达自我意愿、积极寻求帮助的孩子相比，那些性格内向、不善言谈尤其是胆小怕事的孩子，确实容易遭遇欺凌。当然，学校管理不完善、周边环境不友好等，也容易发生校园欺凌事件。

校园欺凌不仅会危害受害学生的身心健康，也会使受害学生由于受到暴力伤害的影响，忍无可忍之下出现各种违纪行为，甚至反过来去欺凌别的弱小同学。对那些性格内向的孩子来说，遭遇欺凌后因为不善于表达自己的愤怒情绪或者求助无望，就像孙东方那样，日积月累可能会产生厌学情绪。

那么，一旦遭遇校园欺凌，真的就像孙东方的爸爸和老师所说的那样一笑而过吗？这是万万不可取的。“一笑而过”，不但被欺凌者会继续遭受折磨，而且，当事人的默不作声，还会助长欺凌者的嚣张气焰，欺凌行径可能会更加有恃无恐，可能会引发更多欺凌事件。

方案明确指出，学生欺凌事件的处置以学校为主，应依法依规进行。针对不同情形的欺凌事件，有关部门要结合职能共同做好教育惩戒工作。情节轻微的一般欺凌事件，由学校对实施欺凌的学生开展批评、教育。实施欺凌的学生应向被欺凌的学生当面或书面道歉，取得谅解。情节比较恶劣、对被欺凌学生身体和心理造成明显伤害的严重欺凌事件，学校对实施欺凌的学生开展批评、教育的同时，可请公安机关参与警示教育或对实施欺凌的学生予以训诫。屡教不改或者情节恶劣的严重欺凌事件，必要时可将实施欺凌的学生转送专门（工读）学校进行教育。涉及违反治安管理或者涉嫌犯罪的学生欺凌事件，处置以公安机关、人民法院、人民检察院为主。

面对校园欺凌，作为被欺凌者的学生应该怎样做呢？首先，不惧怕、不躲闪，勇敢面对这些同学的欺凌，从气势和心理上战胜对方，不让对方有机可乘。调查资料显示，那些学习认真、洁身自爱的学生，受到欺凌的机会会少一些。所以，认真学习、积极参加学校组织的各种有益活动，努力提高自身素质，是避免受到校园欺凌的强大武器。

其次，如果在学校里遇到欺凌，要主动找班主任诉说，或寻求家长的帮助。学校是公共场所，不是个别人的私家花园。只要把事情说明白，相信班主任一定会及时处理、伸张正义。当然，需要强调的是，一旦有学生前来求助，家长和老师一定要给予足够的重视，绝对不能等闲视之，尤其是那些性格内向、不善言辞的孩子，一旦鼓足勇气找老师、家长诉说，可能事情已经到了非说不可的地步了，老师和家长必须及时给予帮助，绝对不能一笑而过。老师和家长生活中更要细心观察，用心维护，让学校成为安全的地方，让家庭成为孩子避风的港湾，让校园欺凌事件不再出现！

方案还明确了积极有效预防学生欺凌的举措：学校加强教育，强化管理；开展家长培训等。作为学校，只要措施得当，就能减少或者避免校园欺凌事件的发生。比如经常开展“反校园欺凌”宣传教育活动，利用道德与法治课、心理健康课等，增强学生的自我保护意识；邀请公安、司法等机关的相关人员到学校开展法律讲座，大力宣传普及法律知识，切实提高学生对校园欺凌危害的认识，提高师生“反校园欺凌”的意识等。学校还可以制定、完善校园欺凌的预防和处理制度、措施，建立校园欺凌事件应急处置预案，明确相关岗位教职工的职责等，及时发现、调查、处置校园欺凌事件，严肃处理实施欺凌的学生。

校园欺凌现象的治理需要多方协作，家长的重要性毋庸置疑。如果家长有强烈的法治意识，又能在孩子离校后积极落实监护看管责任，避免放任不管、缺教少护、教而不当，可以有效防止欺凌事件的发生。北京师范大学教育法研究中心主任余雅风认为：“对未成年人不良或不当行为的教育还主要依赖家庭和学校。”教育专家储朝晖也表示，在处理、防范校园欺凌事件中，“欺凌者”的家庭教育责任尤其重要：“从以往的统计情况看，‘欺凌者’在家庭教育上均存在缺失。在单亲家庭、农村留守儿童等群体，校园暴力易发、高发，意味着应该切实补齐家庭教育短板。”专家佟丽华认为，目前关键是教育行政部门、学校和家长要真正重视落实，形成良好、密切的联系与互动，“要让学生和家长都意识到社会对校园欺凌和暴力的‘零容忍’”。

当然，消除校园欺凌，离不开学校、家庭、社区、公安、司法、媒体等各方面的协调和沟通，加强对学生保护工作的正面宣传引导，防止媒体过度渲染报道事件细节，避免学生欺凌和暴力通过网络新媒体扩散演变为网络欺凌，防止暴力文化通过不良出版物、影视节目、网络游戏影响学生的心理和行为，引发连锁性事件，也是非常有必要的。

他竟然说他“强暴”了我

青春故事

甄晓倩：万万没想到，世界上竟然有这样厚颜无耻的人！而且这个人还和我在同一个小区住着，在同一个学校上学。

那天中午，我像往常一样哼着小曲迈进教室。可是，我发现已经早来的几个同学鬼鬼祟祟的，好像刚刚在议论着什么。看见我进来，大家立即散开了，有两个似乎还在针对什么事情小声地对我指指点点着。同桌王晓乐看看我，想说什么，但是又仿佛强忍着把话咽下去了。看到平日里以豪爽著称的他欲言又止的模样，我感到很好笑地说：“你今天怎么啦？吃错药了吗？”

王晓乐咬了咬嘴唇，下定决心似的干咳了几声，然后神秘兮兮地靠近我的耳朵，小声地说：“于浩宇说他把你强奸了！”

什么？天哪！我一下子就从座位上跳了起来，感觉自己的头要爆炸了。是谁敢这样胡说八道？我找他去！

教室里顿时一片寂静，静得吓人。大家看看我，然后面面相觑，刚刚到教室的同学并不知道发生了什么。

王晓乐示意我赶紧坐下说话。我尽管非常生气，但我还是默默地坐下了，并连连深呼吸。在没有弄明白事情之前，要学会控制好自己的情绪，这是老师告诉过我们的。

王晓乐又小声地说：“于浩宇自己说的，其实我们都不相信是真的。”

于浩宇！我恨不得立即跑到隔壁教室，马上把于浩宇揪出来问个究竟。可是，随着预备铃声响起，我看见语文老师已经走上了楼梯，只好作罢。整整一节课，老师说的话我什么也没听见，脑海里反复出现的，都是于浩宇这个浑蛋的画面。

于浩宇是我的小学同学。上小学的时候，他学习成绩很差，调皮捣蛋也数不着他，在班里像被忽略的空气一般。但是，据说他家里比较有钱，经常拿一些零食分给班里的同学吃。我还听说过，他曾经偷拿爸爸的钱给男同学买高级香烟，后来被老师制止并批评了。但是，于浩宇并没有改邪归正，每逢节日、周末，经常主动请大家吃饭，也不知道为什么他手里会有那么多钱。私下里，大家都叫他“二傻”。记得六年级毕业前的一个星期天，于浩宇说自己过生日，邀请班里的同学一起到快餐店去庆祝，也邀请了我。我看班里的很多同学都去了，也就没好意思拒绝。简单吃完饭，于浩宇又邀请大家到他家里玩。吃人家的嘴短，大家都没好意思拒绝就去他家了。去他家之后，男生乱哄哄地玩游戏，女生叽叽喳喳地看电视。于浩宇突然悄悄地把我叫到一边，说：“甄晓倩，我喜欢你！你喜欢我不?”

哈哈！太好笑了！于浩宇竟然敢喜欢我？打死我也不会喜欢他这样的家伙的！

“谢谢你！你不是我的菜！”我非常有礼貌地说。然后，就立即拉着几个女生离开了。

上了初中以后，我和于浩宇不在一个班了。于浩宇曾经给我写过纸条，说很喜欢我之类的话，也曾经在我回家的路上拦住我，向我表白，要我做他的女朋友。但是，我都明确拒绝了。说实话，知道了于浩宇的所作所为，就是下辈子我也不会喜欢他的。仪老师你知道吗？他不但把班里的女生按照他认为的漂亮程度排了一个顺序，并在班里大声宣读，而且，他还经常当众对女生说“我喜欢你”这样的话。对一个女生说完，遭到人家的白眼，他就再对另一个女生说。目前为止，他几乎对班里所有的女生都说了个遍，无一例外地都遭到了女生们的拒绝和白眼。他还和别的学校的不爱学习的男孩子称兄道弟，偷偷地在洗手间里抽烟，放学后不回家而是跑到网吧通宵上网，第二天，浑身散发着烟味的他再回到学校睡大觉。老师们简直拿他没有办法。夏天来了，他还有另一个癖好：明目张胆地盯着女生的短袖空隙看。女生们非常反感，就去告诉老师。老师问他为什么这样做，他竟然很坦然地说："这样可以看到女生的内衣。"

现在，就是这样一个渣男，竟然血口喷人胡说八道，说他强奸了我，真是气死我了！仪老师，你说我是不是应该告他诽谤呢？

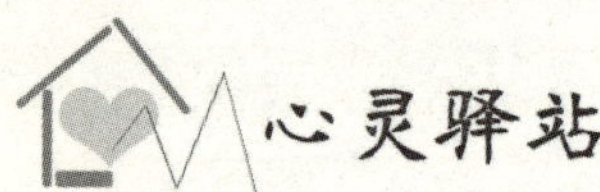

心灵驿站

仪老师：听到甄晓倩讲述的经历，我着实吓了一跳。我有点担心，一听到她被污蔑的消息，她在心理上能否承受得住这样的压力。

还好，从甄晓倩毫不避讳、非常坦然的叙述来看，于浩宇是在无中生有、胡说八道。甄晓倩做得很对，听到有损于自己声誉的传言，首先要冷静，不要生气，更不必难过，可以直接找老师说说，相信老师一定会提供帮助的。

如果能肯定于浩宇没有智力缺陷，他应该不会无缘无故地当众胡言乱语。那么，这个男孩子敢于在公众面前胡说自己涉嫌违法犯罪的事情，最有可能的原因是，他对甄晓倩追而不得心生怨恨，然后就以这种极其大胆地蔑视别人尊严的方式，口出恶言败坏女孩的名誉，来宣泄自己的怨气，来发泄自己心中对甄晓倩的不满。或者，因为于浩宇不懂得法律，毫无法律意识，无知者无畏，就以这种骇人听闻的爆料方式来博取大家的关注，从而寻找存在感。

接下来我想重点谈谈，甄晓倩怎么处理这件事情最合适。

清者自清。面对流言蜚语，甄晓倩可以不理不睬。但这需要有强大的心理承受能力，也需要看班级学生的整体素质。对于浩宇这样一个"问题学生"的狂言乱语，凡是能明辨是非善恶的人都不会听信，也没有几个人会相信，心里有道德和法律底线的同学更不会以讹传讹，那么，这件事自然会烟消云散。

我国法律规定，编造谣言贬损他人人格、破坏他人名誉的行为，是违法行为，会受到法律制裁。如果于浩宇的行为给甄晓倩造成了极其恶劣的影响，当然可以告他诽谤。但是，于浩宇属于未成年人，而且从叙述看他的行为没有造成严重后果，本着教育为主、惩罚为辅的原则，甄晓倩可以先告诉自己的班主任，让班主任找到于浩宇的班主任，先警告他，让他在自己已经传播谣言的同学面前澄清事实，并向甄晓倩赔礼道歉，最好保证下不为例。这样，既把传言及时控制在小范围内，又给于浩宇一次消除影响改过自新的机会。

甄晓倩还可以悄悄地找到于浩宇班里的班长，让他告诉班里的同学，不要相信于浩宇所说的那件强暴女生的事，更不要四处传播。只要大家都对这件事情表示不感兴趣，于浩宇也就不会再继续大肆渲染以博人眼球了。

另外，需要注意的是，于浩宇自顾自口出恶言，班里那些听到于浩宇传言的同学，虽然可能不再持续窃窃私语指指点点，但无论班里举行什么活动，大家都可能会不约而同地把他当作“恶魔”一样晾在一边了。如果备受孤立，于浩宇可能不会就此止步，还可能旧事重演，或者寻找别的事情刷存在感。所以，班主任老师要做好班里同学的工作，不要孤立他，尽可能地帮助、引导和教育于浩宇过上正常的学校生活。

惊！优秀男竟与“偷”字沾上了边

青春故事

牛一顿：“谁拿了我的士力架？”小气鬼闫力坐在床上看着大家，难以掩饰的愤怒使得他那原本白胖的脸盘变成了红色，我相信他肥胖的小心脏一定正如同刀割。

哈哈……我躺在床上赶紧面朝墙，心里放声大笑着，丝毫没有愧疚的感觉。谁让他那么吝啬呢！闫力家是开超市的，他的储物柜里总有各种各样的零食，但他从来不舍得分给室友吃。

室友们纷纷否认的时候，午休的铃声响了，大家赶紧上床躺下。我偷偷地瞅瞅闫力，他依然心情沉重地在床上坐着。

“闫力，赶紧躺下！被查着会通报批评的！”作为舍长，我履行职责立马提醒他。

闫力并不理我，依然坐在那里，气鼓鼓的就如同一只大青蛙。

“你怎么啦？”伴随着熟悉的声音，班主任甄老师推门而入。

“我的士力架被人偷了！”闫力委屈地说，“已经丢了好几次了，这一次丢的最多，一共五个。”

平时数学考试成绩都是个位数的家伙，对吃倒是记得清清楚楚。不过，这次我们确实把闫力的五个士力架全吃了。要是给他留下一个，这家伙可能就闭嘴了。

“嗯，我知道了。你先好好午休吧，我一定会查个水落石出的。”甄老师十分肯定地说。

什么？水落石出？如果真是那样的话，我们做的“好事”不就公之于众了吗？不要啊！我心里开始打鼓了。难道有人告密了？不可能啊，大家一致表示要守口如瓶的。难道是丢东西的那些同学都去告诉自己的班主任了？不至于吧，不就是一点零食嘛。

甄老师安抚下闫力就离开了。我躺在床上却再也睡不着了。前几天利用职务之便偷拿人家东西吃的情景，一幕一幕浮现在眼前。

那是课间操时间，我们几个负责宿管部的同学例行检查宿舍卫生。王一飞突然发现一个宿舍里有一大包他最喜欢吃的巧克力，他立即拿了一块吃，然后示意我们也拿着吃。

“这样不好吧？”我说，作为一名优秀男，哪能这样做？

“没事，不就是一块巧克力嘛，数量那么多，不会被发现的。”王一飞十分轻松地说，“你们喜欢吃什么？可以找找啊。”

“就是就是！”其他几个人也随声附和，并开始挨个宿舍翻橱子找东西吃。

看大家鬼鬼祟祟偷吃的样子，我觉得很好玩很刺激，也觉得偷吃别人的零食并非什么大坏事，就加入了这个队伍。

于是，每到课间操的时候，整栋宿舍楼里，就我们几个检查卫生的男生来回穿梭，一边检查一边吃喝，真有一种为所欲为的感觉，每天例行检查卫生的工作，也变得异常快乐……

下午课外活动时，忐忑不安的我被甄老师叫到了谈话室。

“说说吧，你偷吃了人家多少东西？”甄老师在“偷”字上加重了语气。

啊呀呀！作为年年三好学生的我怎么能与“偷”字沾上边了呢？

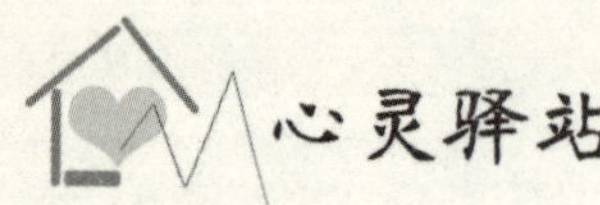

心灵驿站

仪老师：有句话说，从众者，有圣人引领时，他们不一定会是圣人，但当魔鬼带路时，他们皆是魔鬼。这句话有一定的道理。

难以置信吧！优秀的牛一顿一时冲动盲目从众，竟然与“偷”字沾上了边。别人眼里比黄金还宝贵的青春画板，他就这么随意涂抹了不光彩的一笔，真的是追悔莫及！好在仅仅是偷吃了同学的东西，还没有造成无法挽回的严重后果。

表面看，牛一顿是经不住美食的诱惑而做了不该做的事。其实，这也是他存有盲目从众心理使然。

从众是指个体在社会群体的无形压力下，不知不觉或不由自主地与多数人保持一致行为的心理现象，就是“随大流”。青少年存在从众心理是正常的，从众现象在生活中普遍存在，比如在公交车上看见别人为老弱病残让座，自己也主动让座；看见班里同学为家庭困难的人捐款，自己也积极参与等，这都是有积极作用的从众行为。但是，像牛一顿这样明知是错却随波逐流的盲目从众，是有很大危害的。心理专家分析发现，盲目从众会产生很多消极影响，如弱化自我意识，束缚独立思考和判断能力，抑制竞争、进取意识，阻碍独立性的培养，扼杀创新精神和创造力的发展等，有的盲目从众还会直接影响身体健康，甚至使人走上违法犯罪的道路。事实证明，盲目从众不仅会阻碍个人的进步，也会影响到集体的发展。

产生从众心理的原因是多方面的，青少年明辨是非和自我控制能力不足，更容易受人蛊惑或抵制不住不良诱惑，因为盲目从众犯错或者沾染不良嗜好，甚至走上违法犯罪的道路。所以，在日常生活中，青少年要努力正确识别真假美丑，明辨是非善恶，不为假象所迷惑，增强独立思考的意识，努力提高自己的思想品德修养和科学文化素养，心中牢记道德和法律的标尺，遇事冷静思考，学会勇敢拒绝，“择其善者而从之，其不善者而改之”，以避免盲目从众犯错而带来不良后果。

一旦发现有学生发生类似牛一顿这样的事件，老师们最好悄悄地处理，问清事情的来龙去脉之后，让犯错的学生该道歉道歉，该写检查写检查，尽量不要大张旗鼓地公之于众，而要把事情控制在最小的范围之内，毕竟他们都是成长中的孩子，且没有造成很严重的后果。而且，老师保护并宽容犯错的学生，更能让这些因为盲目从众而犯错的学生，在改过自新中慢慢学会珍惜名誉如生命。

男友移情别恋了

青春故事

诸葛晨雪：很严肃很悲哀地说，我的男友移情别恋了！我伤心欲绝！

男友和我同校不同班。他学习很差，长相一般，我俩却甜甜蜜蜜地相处了整整一年，这在知情人的眼里是非常不可思议的。因为，毫不谦虚地说，我可是班里各个方面的佼佼者。

你也许会问：他与你这样不般配，为什么还走到一起了？老师也曾经这样问过我，当时我认真地想了大半天，说："因为他对我好！"没错，就是因为他对我好！我想吃什么，他就赶快买给我。我过生日的时候，他还给我买了一块手表呢。其实，他家里并不富裕，我看网上说，在乎一个人才愿意为她花钱，我觉得男友是因为非常在乎我才这样做的。

开始和男友交往的时候，我的家里正发生着天翻地覆的变化。我的爸爸在外面和一个女人同居了，而且还生了一个男孩。爸爸想和妈妈离婚，妈妈说如果不拿一百万元补偿款，坚决不离。于是，他俩一见面就大吵大闹，家里真的是鸡犬不宁。

爸爸不是大款也没有钱，他只是一个送水工。但他生性懦弱，家里的所有事情都是由妈妈张罗。妈妈是开美容店的，成天很忙，似乎挣钱很多，经常对爸爸吆三喝四。爸爸不能成为妈妈的依靠，爸爸在妈妈面前没有尊严，大概，这就是爸爸在外面找女人的原因吧。

因为男友对我好，所以，爸爸妈妈的争吵，并没有让我产生很多同学遭遇父母离异时万念俱灰的感觉。相反，我竟然感到很幸福，我的学习成绩不但没有下降，反而稳步上升了。男友的妈妈也知道我俩的事情，她听说我学习很好，可以帮助男友进步，就默许了，她甚至还说："你一定要帮助他学习进步。"

最近，我感觉男友对我日渐冷淡了，不再找我说说笑笑，不期而遇时他的目光也是躲躲闪闪的。后来，经过跟踪观察，我发现他移情别恋了，竟然在操场和别班的一个女生卿卿我我。我很生气，毅然提出分手，没想到他竟然没有反对，这让我非常难过。我觉得自己已经把所有的希望都寄托在他身上，可是他却让我失望透顶！我越想越伤心，眼睛哭得又肿又痛，最后竟然没有眼泪了。虽然我很鄙视这种三心二意的人，但是感情上还是接受不了男友移情别恋的事实，那个女生学习成绩不好，长得也没有我漂亮，这让我实在不甘心！

仪老师，你说我该怎么办呢？

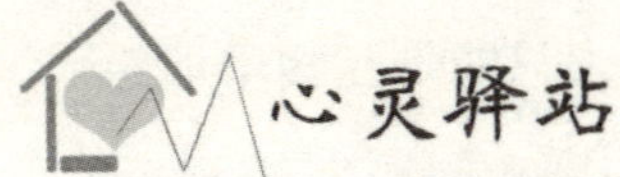

心灵驿站

仪老师：在父母闹离婚、特别需要安全感的时候，正好有一个男生对诸葛晨雪很好，让她倍感温暖，于是，她就自以为是地陷入了"早恋"。其实，在我看来，她和男友之间，充其量也只是青春期对异性的好感而已，根本就算不上真正意义上的"恋爱"。真正值得喜欢的一个人，应该具备善良、勇敢、乐观、幽默、乐于奉献、敢于承担等优秀品质。基于这样的喜欢才能持续，才能长久。初中生正处于世界观、人生观、价值观开始形成并不断变化的时期，很善变，所以男友出现"移情别恋"不足为奇。

鉴于家庭情况和现状，诸葛晨雪要做的，一是及时疏泄不良情绪，比如自己偷偷地大哭一场、找好朋友倾诉一番等。二是可以选择看一本书，或者进行一项自己喜欢的体育锻炼，来转移自己的注意力，让自己尽快从不良情绪中走出来。这样才能慢慢放弃并不再关注有关对方的一切，从而走出所谓的“伤害”。

初二年级了，学习任务很重，晨雪必须要自尊自爱、自立自强起来。自爱，才能有能力赢得别人的爱，也才能有能力去爱别人。自立自强，就不会把自己的幸福全部寄托在他人身上。对他人不心存希望，就不会产生失望，就会集中精力学习，不断壮大自己内心的力量，让自己成为自己的依靠。这样，将来才能依靠自己的力量，过自己真正想过的生活，找到属于自己的幸福。而当晨雪具备了获得幸福的能力之后，当父母需要她的时候，也才有能力照顾他们。

只要晨雪能安心并集中精力学习，让自己继续保持各个方面的优秀，等考入满意的大学之后，会遇到很多很多同样优秀的人。那时候，晨雪可能会遇到真正彼此喜欢的人，开始真正的恋爱。

另外，我想对晨雪的父母说两句话。如果真如晨雪所言，她爸爸已经在外边和别的女人同居，而且已经生了一个孩子，说明你们夫妻俩的感情已经到了无法挽回也没有必要挽回的地步，再继续纠缠下去只能是互相增加怨恨。晨雪的爸爸在自己的婚姻还没有解除的情况下，又和别人同居生孩子，这是违背公序良俗的，一旦晨雪的妈妈拿到证据到法院起诉，后果可想而知。这样可能会对晨雪造成更大的伤害，我想也是你们俩都不愿意看到的吧。所以，建议你们俩冷静地坐下来，开诚布公地谈一谈，心平气和地办理离婚手续，在承担起抚养孩子责任的前提下，开始各自的生活。

盲目攀比就像裹足

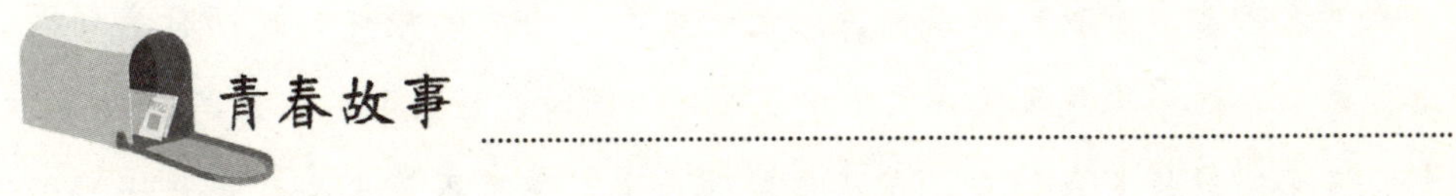

青春故事

孔承雅： 我是以全年级第一的面试成绩进入这所学校的，是不折不扣备受瞩目的佼佼者。可是，入学仅仅两个月，我却越来越感觉不到快乐了。

班里同学都是地地道道的城里人，而我是刚刚随着打工的父母来这里的。大家说着普通话，梳着时髦的发型，穿着流行的服装，相比之下，我感觉自己简直是土得掉渣儿。

我决定改变这种状况，在学校里尽量不再说家乡话。同桌方文华买了一双名牌跑鞋，中午回宿舍时我试穿了一下，觉得又漂亮又舒服，我就让妈妈也给我买一双。妈妈很快就买来了一模一样的，我赶紧穿着兴冲冲来到学校，方文华却说我的鞋是仿制的地摊货。我感觉自尊心很受伤，回家后大发脾气，妈妈只好到大商场给我买了一双新的。虽然花了妈妈将近半个月的工资，新鞋穿在脚上心里感觉沉甸甸的，但这种感觉很快就被方文华的赞叹产生的满足感代替了。

从那以后，方文华买了新的高档铅笔盒，我也马上把自己用了一年多的帆布铅笔盒换掉了；方文华花钱很大方，经常去学校的超市买吃的，我也问妈妈要回了自己的压岁钱，和方文华一起去超市随心所欲地购物；据说方文华家的房子很大，而且装修很豪华，没办法，我家住的是出租房，这个我是比不了；但我的学习成绩依然保持着班级前三的水平，我比方文华更受老师们的欢迎。

最近，我发现方文华又戴了一块精致的手表，一问吓一跳，她竟然花了3000多元。我也想买一块新手表，但是回到家一说，爸爸的脸色瞬间就变了，马上就表示坚决反对，他说：“开家长会的时候，我看见你们班教室里挂着表，上课下课都有铃声，你需要手表吗？再说，以前不是给你买了一块手表吗？别忘了，咱刚从农村来，经济不宽裕你是知道的，别那么虚荣！”

妈妈无奈地看看我，摇摇头，也是一副无能为力的模样。我顿时感到很失落。看来，这一次我又被方文华比下去了。同时，爸爸那句“别那么虚荣”的话，又如同针扎着我的心，我是虚荣的人吗？我不再是那个让爸爸妈妈引以为豪的乖乖女了吗？

心灵驿站

仪老师：说实话，我发现孔承雅有点儿攀比心理了。攀比是指不顾自己的具体情况和条件，盲目与高标准相比。根据产生的作用不同，攀比心理分为正性攀比和负性攀比。正性攀比指正面的积极的比较，能够引发积极的竞争欲望，产生克服困难的动力；负性攀比会使人陷入思维的死角、产生巨大的精神压力和极端的自我肯定或者否定，如果持续滋生下去，不但会引发挫折感、自卑感、虚荣心等，还会让人变得没有主见，既给家庭造成一定的经济负担，又会影响身心健康成长。

产生攀比心理的原因有很多，嫉妒、虚荣等都会导致盲目攀比。孔承雅的爸爸说得没错，她就是因为虚荣心的缘故，才这样盲目地事事与同桌方文华相比较。

那么，一旦出现攀比心理，应该如何处理比较好呢？

心理学家指出，认知是关键，心理障碍的根源是认知出现偏差。所以，克服攀比心理首先要对自己有一个正确的认识，明确自己的家庭经济状况，确立符合实际的生活目标。方文华家经济富裕，有条件穿名牌跑鞋，而孔承雅一双鞋就花掉妈妈近半个月的工资，这双鞋对她来说就属于奢侈品。有时候，人与人是无法比较的，也没有必要进行比较，就像有人描述的自然界中的现象：梅逊雪白，雪输梅香；长青之树无花，艳丽之花无果。事实证明，事事攀比会让人裹足不前。

出现攀比心理，还可以通过自我暗示、自我肯定等方式增强自己的心理承受能力。当看到别人比自己好时，在心中默念“其实我也不错”之类的话，比如，发现方文华用的东西比较高档，孔承雅可以想想自己突出的学习成绩，久而久之，盲目比较的习惯就会有所改善。当然，选择适当的参照标准，也是克服攀比心理的有效措施。建议孔承雅继续保持学习上的优势，和自己的昨天比，不断增强自身实力。当一个人越来越优秀、越来越自信时，就不会在乎穿着等外在因素了。

试试看吧！

第二章 心灵的乐章

求您啦，赶紧生二孩吧

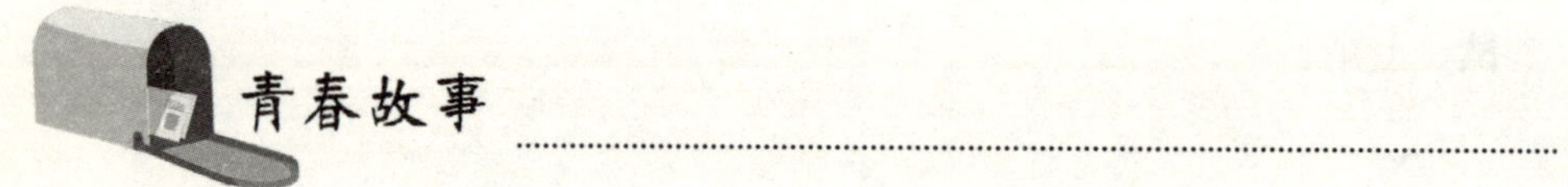

青春故事

段超怡：你一定感到很奇怪，我竟然强烈要求妈妈赶紧生二孩！可是，这确实是真的，嘿嘿，当然也是有原因的。

那天吃完晚饭，我们一边看电视一边聊天。爸爸说从手机报上看到一篇报道：一对夫妇怀上了二孩，但13岁的女儿却百般不情愿，不但经常扔东西发泄不满，而且还以“离家出走”“跳楼”等借口威胁父母，甚至还用刀片割手腕呢。最后，她妈妈不得不含泪到医院做了手术。

妈妈听罢爸爸的讲述，忽然看着我说：“超怡，如果我们准备生二孩，你不会这样吧?”

我撇撇嘴说：“我才不会呢，我巴不得你们快点生个二孩出来!”

“真的假的?”妈妈瞪大眼睛，很是怀疑地看着我。

“真的!”我平静地望着妈妈，斩钉截铁地回答。

“没必要口是心非啊！我们还没有决定生不生二孩呢。你不愿意就直说，千万别憋着。”爸爸的话里充满关切。

我笑了笑，没再说什么，但心里却大声呼喊着：求你们啦，赶快生个二孩出来吧！

这是我的真心话。虽然我是独生女，但并没有养成以自我为中心的习惯。爸爸有个妹妹，妈妈有个姐姐，他们时常一起聚餐游玩，有事的时候总是一起分担，我经常感受到来自他们的温暖。所以，如果我有了弟弟或者妹妹，以后的日子也就不再孤单了。

其实，我们班里支持父母生二孩的同学很少，有几个同学还在一起商量阻止妈妈生二孩的办法呢。我同桌就认为，是因为自己学习等各个方面太优秀了，父母无牵无挂所以才有精力生二孩。他打算故意调皮捣蛋给父母添乱，说这样的话也许父母就没精力生二孩了。我极力劝阻了他。

我之所以赞同父母生二孩，还有一个重要原因：我越来越觉得自己不够优秀。爸爸妈妈都是重点大学毕业的高才生，现在也都是各自单位的中流砥柱。而我，除了琴棋书画方面还可以，学习成绩一直处于年级中等水平。对我来说，能像父母那样考上名牌大学无异于痴人说梦。而这个事实，似乎也成为爸爸妈妈的一块心病。每次考试后开完家长会，我就听见他俩在卧室里长吁短叹，他们甚至怀疑我智商出了问题。说实话，这让我背负着很大的压力。虽然我也很努力地学习，期待获得优秀的成绩，可是每次考试的成绩都离着“优秀”遥不可及。因此，如果妈妈生个二孩出来，他俩就有了新的寄托，就会降低对我的期望，也就减轻了我的压力。如果我的弟弟或者妹妹能像爸爸妈妈那样优秀的话，他俩这辈子也就没有什么遗憾了。

不过，想到这些，我心里还是有点儿酸酸的！

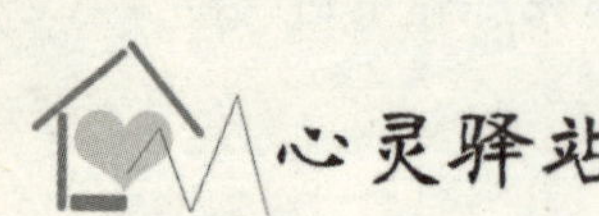

心灵驿站

仪老师：目前，“二孩”是一个持续热议的话题。超怡能从爸爸妈妈的姊妹身上感受到亲情的温暖和互相帮助的快乐，愿意接纳弟弟或者妹妹的到来，这是难能可贵的。而新闻中那个反应太过激烈的女孩子，可能家长平时对她太溺爱了，有些自私的想法，以至于无法接受一旦二孩出生，自己就不再成为大人们关注的焦点这一事实。

其实，生不生二孩真不应该成为大孩子决定的事。但做父母的，在二孩出生之前，一定得让自家的大孩子明白：即使再生一个孩子，父母关注的重点可能会暂时转移一段时间，但对大孩子的爱一点儿也不会减少。而且，二孩一旦出生，父母更应该细心关注大孩子的感受和反应，尽量避免给他造成生活和心理层面的失落感。

从段超怡的叙述来看，有一点很值得引起我们的注意：超怡让妈妈生二孩的心理还源于父母优秀的压力。毋庸置疑，学习是一种能力，这个能力因人而异。即便是父母都很优秀，生出的孩子也不一定就能获得优秀的成绩。如果父母对孩子有太高的期望值，可能会给孩子造成不必要的心理压力，就比如故事中的超怡。

我建议超怡不要再把这个想法闷在心里，可以坦诚地和父母交流一下，把自己因为不如父母优秀而深感遗憾的感受一五一十地告诉他们，也许更能让父母认识到自己的做法有欠妥当，从而改变一下认识，降低期望值。同时，超怡可以继续发展自己在琴棋书画方面的优势，天分加上努力，说不定长大后能在这些方面获得很深的造诣。

作为成长中的青少年，只要身心健康，有思想、敢担当，努力学习、积极向上，即使学习成绩不突出，将来也照样能过上幸福快乐的生活。

爱能让你御风而行

青春故事

那倩薇：我的闺蜜侯婷婷出事了！很大很大的事儿！

侯婷婷是一个很优秀的女生，不但学习成绩在班里一直名列前茅，而且唱歌弹琴等才艺在班里也是首屈一指的。可是，就是这样一个近乎完美的女孩子，竟然喜欢上了一个高中辍学在家的“小混混”。而且，她对这个以打架斗殴著称的“小混混”还很投入，整天给他打电话嘘寒问暖，还用自己的零花钱给他买这买那，用婷婷妈妈的话说，就是到了“疯狂”的地步！不过，交往还不到三个月，那个“小混混”竟然直接对婷婷说，自己已经不喜欢她了。这让婷婷非常难过，不想上学，请假在家躺着，不吃不喝，竟然还采取自虐的方式，期待对方回心转意。

当我知道这个消息以后，立即骑着自行车赶往侯婷婷的家，正好碰见她妈妈对她破口大骂。侯婷婷的妈妈说出的话不堪入耳，话里面没有丝毫对婷婷的关心和安慰，侯婷婷满脸的生无可恋。我觉得她妈妈的行径一定会让她更加心灰意冷。

“真想离家出走。”怒气未消的婷婷妈妈离开以后，侯婷婷睁开已经哭得通红的眼睛，有气无力地对我说。

我无言以对。我不知道侯婷婷为什么会喜欢一个不愿意学习的“小混混”，以前的她可是心高气傲、一般男同学都不放在眼里的。我一直觉得侯婷婷和那个“小混混”应该是两个世界的人，没想到她却陷得这么深。

我也不知道侯婷婷的妈妈为什么会变成这样了。以前，虽然她不是那种气质优雅的女人，但起码是朴实无华的。我去婷婷家玩的时候，她妈妈总是端上各种各样的水果，也不说话笑笑就离开了，然后我们就毫不顾忌淑女风范地把水果风卷残云般就消灭干净了。

然而，半年前，据说侯婷婷的爸爸带着一个什么“小三”去了海南，而且一去就再也没有回来过，侯婷婷的妈妈也性情大变，两人最终也离了婚。我只听婷婷说过妈妈的可怕变化，但万万没有想到竟然是这样的。

现在，侯婷婷遭遇失恋要离家出走，仪老师，你说我该怎么劝说她才好呢？

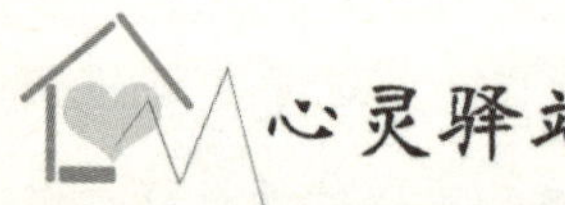

心灵驿站

仪老师：那倩薇告诉我们的故事，确实有点复杂，不光关于自己的好朋友侯婷婷，还关于侯婷婷不负责任的爸爸和性情大变的妈妈。

在这里，我首先强调一点：离家出走是坚决不可取的。虽然现在咱们国家有良好的社会治安，但是，不可忽视的是，社会上仍然存在一些不法分子。一个女孩子离家出走后，一旦被不法分子挟持，很可能产生严重后果：被拐卖、受侵害、被伤害致残，等等。社会上就曾经发生过这样一个真实的案例：有一个初中女生，因为妈妈对她要求比较严格，她又存在比较严重的逆反心理（关于逆反心理，我会在后面的章节里专门跟大家谈），整天和妈妈吵架，心情很苦闷。但是她又不愿意把自己的苦恼告诉班里的同学，于是就上网找网友诉说，这个网友就成了她的精神寄托。有一天，她又和妈妈吵了架，就又对网友倾诉，网友就约她去这个网友所在的城市散散心。这个女生就离家出走找网友了。其实，这个网友加入了一个犯罪团伙，专门干引诱、欺骗女孩的违法犯罪的事情。结果可想而知，这个女生被控制了，身体和心灵都遭受了很大的伤害，她后悔也晚了。类似的案例还有很多，这些案例一再说明，离家出走是非常危险的，未成年人坚决不能做这样的事情。

此外，我觉得这个原本学习优秀、比较骄傲的侯婷婷，之所以突然间喜欢上一个“小混混”，可能是因为父母的离婚让她失去了安全感，在那样一种情况下，她就特别需要“有力量”的人来保护自己；另一方面，爸爸无情离开、妈妈性情大变，使得侯婷婷成了一个“缺爱”的孩子。因为缺乏父母的关爱，又恰好是情窦初开的年纪，所以就盲目地寻找心灵寄托。这时，又正好遇到一个善于打架的貌似“保护能力特别强”的社会青年，她一时冲动或者受什么电影电视剧情的影响而和“小混混”走到一起也是很有可能的。

但是，父母离异、不再被“小混混”喜欢，都不能成为侯婷婷自暴自弃的理由。只有好好爱护自己的身体、呵护自己的心灵，才能让自己真正强大起来。一个爱惜自己的人，才有可能赢得他人的爱，也才有可能具备爱他人的能力。所以，首先，侯婷婷必须面对父母离异的事实，不再自怨自艾；其次，必须忘记“小混混”给自己带来的伤害，马上回到学校去集中精力学习，通过自己的努力，改变自己家的现状，实现自己的梦想，让自己变得足够优秀。而当一个人具备了健康阳光的心理，又足够优秀之后，才有可能遇到更多优秀的人，也才有可能遇到或者是发现那个真正爱自己的人。

要知道，一个真正喜欢花的人是不会摘花的；一个有责任感并勇于担当的男孩子，是不会轻易做伤害女孩子的事情的。所以，侯婷婷又何必为了一个不懂得珍惜自己的“小混混”而做伤害自己的事呢？为了一块垃圾而摧毁一个美丽的花园，这是非常可悲又犯傻的做法。

最后，我想跟侯婷婷的妈妈说几句。俗话说，家家有本难念的经。感情的事，外人更是难以说清楚。也许你丈夫带着所谓的“小三”离去，深深地伤害了你，但是，你不能把自己的不良情绪全部发泄在孩子身上，这样做不但不能解决任何问题，而且还会把自己的孩子也卷入伤心怨恨的旋涡，生活难以快乐。千万别忘了，你的孩子是你最亲的人之一。小小年纪遭遇父母离异，已经让她备受打击，你再变得这样满脸戾气，动辄难以控制情绪，不但伤害孩子，也伤害你自己。这样做的结果，只能让那个“负心”丈夫给你造成的伤害绵延，继续影响你以后的生活，甚至是一辈子。你觉得这样值得吗？

所以，不要再把所有希望都寄托在别人身上，不要再自暴自弃，不要再自怨自艾，振作起来，该吃饭吃饭，该工作工作，凭自己的努力，用自己的能力，过自己想过的生活。

当妈妈的，首先要爱惜自己，才能有能力更好地爱孩子。

爱，会让你御风而行。侯婷婷和侯婷婷的妈妈，请从现在开始好好地爱自己吧！

抛去曾经的视角

齐可苓：一连好几天，我都彻夜难眠。躺在宿舍的小床上，听着舍友们均匀的呼吸声此起彼伏，我却辗转反侧。我实在不愿意在学校住宿了，我想走读或者转学，因为只有那样，我才能天天回家陪着妈妈，才能继续和妈妈睡在一张床上。

我和妈妈感情很深，我俩可是经历了生死考验的。说起来有点恐怖，但是，那件事情就像刀子刻在我的心上一样，永远难忘。

我六岁那年，不知道为什么，爸爸妈妈经常吵架，爸爸有时候彻夜不回家。那年冬天，爸爸有一次破天荒地去幼儿园大班接我，而且还把我带回了农村老家。爸爸把我交给了伯母，留下一大袋食物，然后就匆匆忙忙地离开了。

伯母是一个身材很魁梧的女人，印象中，她长着两颗大门牙，满脸皱纹，大概已经很老了吧。她似乎很不情愿我来到她家里，因为她始终是满脸愤怒，除了吃饭时喊我一声，其余时间都不和我说话。晚上，伯母很快就呼噜呼噜地睡着了，我躺在炕上，听着伯母的呼噜声，还有窗外一阵阵的风声，却怎么也睡不着。我不知道爸爸为什么会把我送回老家，难道是妈妈不要我了吗？不会啊，那天早上妈妈送我去幼儿园的时候，还和我说好晚上给我烙菠菜火烧吃呢。而且，我上幼儿园以后，爸爸从来没有接过我，这一次却直接把我送回老家，到底是为什么啊?

第二天，我去问伯母，我什么时候能回家。伯母依然毫无笑容，非常冷淡地说："谁知道你要在我家住多长时间!"就这样，一天，两天……连续好多天，没有人和我说话，也看不见爸爸和妈妈，我心里恐慌极了，难道……我被他们抛弃了吗?

不知道过了多少天，我几乎要绝望的时候，终于见到了妈妈。那天，伯母把我送到大门外，我看见妈妈站在冷风里。妈妈看到我之后，立即奔过来一把抱住我放声大哭……然后，妈妈带着我乘出租车离开了伯母家。从此，我就再也没有和妈妈分开过，当然，也没再见到过爸爸。

后来我才知道，爸爸犯了不可原谅的大错，妈妈要离婚。爸爸说离婚可以，但要求妈妈必须放弃所有财产。因为开始的时候妈妈不同意，所以爸爸就把我送回老家藏起来了。后来，妈妈在放弃所有财产的协议上签了字，然后就知道了我的下落，找到了我，带着我离开了原来的家，到外面租房子住了。

现在，妈妈又结婚了，后爸对我和妈妈都很好。有一次，我忽然听到后爸对妈妈说："现在政策允许了，趁你还年轻，咱再生一个孩子吧。"

当时我就吓傻了!如果妈妈再生一个孩子，我就不是唯一了，他们就不会全心全意地爱我了。所以，我决定不住校了，我想回家和妈妈一起住，那样的话，她可能就不会再生孩子了。

仪老师你说是吗?

仪老师：从齐可苓的诉说来看，她缺乏足够的安全感。父母要离异，爸爸为了争夺财产就以她为筹码，偷偷地把她放在了老家很长一段时间，这件事给年幼的她造成的心理阴影，暂时还没有完全消除。目前，再婚的妈妈可能要再生一个孩子，这让她的安全感再一次受到挑战，所以寝食难安。

首先，我为齐可苓的妈妈点赞，对齐可苓曾经的遭遇表示深深的同情。但是，我的点赞和同情，并不能解决齐可苓的问题。我觉得，要解决齐可苓的问题或者困境，需要她转变自己的思维方式，换一个视角看问题。

目前，齐可苓最担心的是，如果妈妈再生一个孩子，自己就不再是妈妈的唯一，就可能无法得到妈妈全心全意的关爱和呵护，从而没有安全感。这是可以理解的，毕竟，她是生活在再婚家庭。而且，她的不负责任的爸爸的行径，还给她造成了一定的心理阴影。

但是，齐可苓可能没有想过，既然后爸和妈妈相爱，而且对她和妈妈都很好，现在国家政策又允许，如果再生一个孩子，他们夫妻关系会更加牢固，而且，如果妈妈再生一个孩子，齐可苓和弟弟或者妹妹就拥有了谁也无法改变的血缘关系，姐妹或者姐弟可以相互扶持、相互帮助，将来还可以齐心协力照顾共同的父母。多好啊！

另外，如果妈妈和后爸共同决定再生一个孩子，即便是齐可苓回家住，也阻挡不了这件事情的发生。再生一个孩子是他们的权利，作为孩子，可以表达自己的想法，父母也会尊重孩子的意见，但是，最终决定生不生孩子的，只能是他们自己。

当然，齐可苓可以把自己的想法和担忧告诉妈妈，如果妈妈通情达理，她即便是再生孩子，也不会忽略齐可苓的感受，而且，因为齐可苓的理解和大度，后爸和妈妈说不定还会更加关心爱护她呢！所以，齐可苓要走出阴影，找到属于自己的安全感，就必须改变自己的思维方式，换一个角度看问题。

在这里，我建议可苓看一看那部很火的动画短片《鹬》。这是一部时长仅六分钟却筹备了三年才制作好的动画短片，讲述了一只饥饿的小矶鹬，努力克服恐水症，通过学习和实践，找到属于自己的安全感、勇敢地到海浪肆虐的沙滩上觅食的故事。

动画片显示：在妈妈的引导下，小矶鹬走出了自己舒适的家，可是，因为来不及躲闪，它为海浪所伤，心里留下了阴影。当它再次走出家的时候，一看到汹涌的海浪，就吓得又退了回去，再也不敢出来了。后来，在妈妈的鼓励和引导下，还有小伙伴的帮助和启发下，小矶鹞不但克服了心理障碍，而且，当大海浪来的时候，也学会快速躲藏在沙里了。慢慢地，它就有了战胜海浪的勇气和体验，然后也体验到了战胜海浪、自己为自己找到安全感的快乐。

其实，刚刚进入青春期的青少年，是不是有的时候也像这只小矶鹞一样，对有些问题，因为曾经遭受过挫折、留下阴影，就产生害怕心理，然后就不愿意再勇敢地迈出探索的脚步呢？实际上，如果真的能够像小矶鹞这样，虚心向伙伴们学习，仔细观察，慢慢体验，学会用另外一种视角看待问题，眼界会变得更加开阔，处理事情就更加得心应手了。成长就是敢于走出自己的舒适区，勇敢面对未知的东西，抛去曾经的视角，才能看到最美的未来。

期待早日看到勇敢的齐可苓走出阴影，找到属于自己的安全感！

嗨，可爱的你！

杨子枚：2016年中秋节之后回到学校，一个人的突然离世，激起了我心底恐惧的涟漪。

“你知道吗？乔任梁去世了，真是太遗憾了！”中午吃饭的时候，铁杆粉丝甄晓颖满脸忧伤地看着餐盘，一副毫无食欲的模样。

“我也从网上看到了，说他是因为抑郁症自杀的。”快嘴妹汪聪儿神秘兮兮但十分肯定地说。

什么？自杀！因为抑郁症！听罢汪聪儿的话，我拿着筷子夹着几根芹菜正要往嘴里送的手几乎僵住了，就在一刹那，我的内心充满惊恐，甚至还夹杂着一些崩溃的感觉！

因为，就在昨天晚上，爸爸告诉我说，妈妈得了抑郁症！

前段时间，我大姨身患癌症突然去世了，妈妈一直处于极度悲伤的状态。姥姥和姥爷都去世得早，妈妈和大姨相依为命。大姨读完高中后，成绩优异的她因为姥爷的突然去世，意外名落孙山。大姨没有听从老师们的劝说回校复读，而是直接参加工作了，为的是挣钱供妹妹上学。妈妈很努力，高中毕业后以优异的成绩考上了一所重点大学。妈妈也很懂事，上大学的时候就开始做家教挣生活费，以减轻大姨的经济负担。妈妈一直对大姨满怀歉意和感激，大学毕业后拿到第一个月的工资，就给大姨买了一件漂亮的裙子。而且，在以后的日子里，无论妈妈买什么，总是给大姨买一份儿。尤其是逢年过节的时候，妈妈总是把自己单位分的年货统统拿到大姨家去。为此，爸爸没少和妈妈吵架。

一个月前，感冒很久的大姨突然半夜咳嗽吐血，就给妈妈打电话。妈妈立即打车送大姨入院检查，结果查出她肺癌晚期。虽然在外地打工的大姨夫和在外地上学的表姐听到消息后都立即赶回来了，妈妈也请假日夜守护在病房里，但大姨的病情发展异常迅速，最终还是因为呼吸衰竭去世了。

大姨的离世使得妈妈悲痛欲绝，短短十几天的时间就瘦了十几斤，脸色异常憔悴。有一次我放学回家，听到妈妈在书房里撕心裂肺地大哭。第一次听到妈妈歇斯底里声嘶力竭的大哭声，我惊恐得不知所措。我很难过，但不知道如何安慰妈妈，因为我知道妈妈和大姨感情太深了。我也不敢把妈妈独自大哭的事告诉爸爸。根据以往的经验，即使是告诉爸爸，他也一定会说："你妈妈就喜欢自找麻烦！不用管她，就让她自己折腾去吧！"我觉得爸爸似乎并不能理解妈妈对大姨深厚的情感。

妈妈的情绪一直比较低落，每天下班回家后就忙着做饭，本来就瘦弱的身躯，愈加弱不禁风了。回到家里，也不愿意多说话，只是面对我的时候才露出笑容。爸爸看到妈妈的样子，很是反感地说："差不多就行了，整天这样一副脸给谁看！就是哭死，你姐姐也回不来了。"妈妈默默地并不搭话，也不理睬爸爸。对于爸爸的言辞，她已经习惯了吧。我不知道他们之间发生了什么，只能每天都小心翼翼的。

昨天，妈妈出差到外地去了。因为值日回家比较晚，我进屋后顺手打开了卧室的灯，然后就去拉窗帘。

突然，本来正坐在客厅看电视的爸爸一声大喝："你要干什么？"

我回头，看见爸爸正满脸愤怒地站在我的卧室门口呢。

"我要拉窗帘换衣服啊！"我莫名其妙地看着爸爸，不知道自己做错了什么。

“换衣服就换衣服，拉什么窗帘？”爸爸说。

“妈妈就是这样的，只要屋里开灯，换衣服之前先拉窗帘啊！这是保护自己隐私的做法。”我说。

“小孩子家有什么隐私？你妈妈有抑郁症你知道吗？要是你长大了也像她那样就麻烦了！”爸爸气急败坏地说。

我惊呆了！妈妈竟然得了抑郁症！我怎么不知道呢？

现在，听了汪聪儿的话，我一下子就想到了妈妈。乔任梁唱歌那么好，演戏那么多，成绩那么突出，长得那么阳光帅气，这可是很多人梦寐以求却求之不得的，而别人眼里辉煌的他28岁就离世了。

抑郁症多么可怕！现在，爸爸说妈妈得了抑郁症，她会不会也……自杀啊！

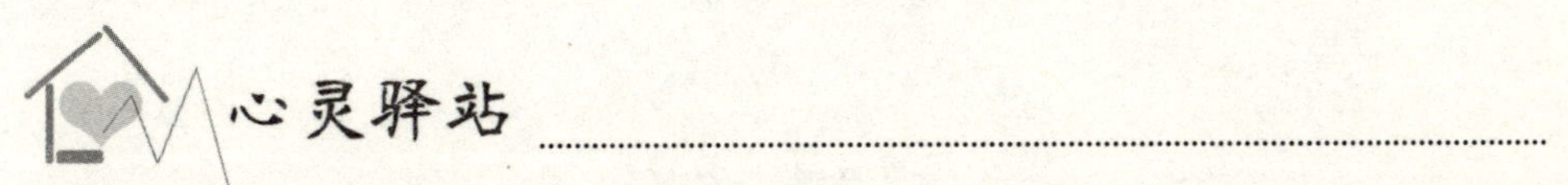

仪老师： 风华正茂、才华横溢的乔任梁突然离世，真的让很多人惋惜不已。看到电视中、网络上铺天盖地的报道，我替这个多彩的生命深感惋惜，更是无法想象他已年过半百的父母怎么能承受这样的痛！

抑郁症是一种常见的疾病，有人把它比喻为伴人左右的“大黑狗”，有人说它是潜伏在人身体里的“沉默杀手”。据载，抑郁症主要表现为持续情绪低落、悲观无助；缺乏自信，自我评价降低，会产生无用感、无望感、无助感和无价值感，常伴有自责自罪，严重者出现罪恶妄想和疑病妄想，部分患者可出现幻觉；思维迟缓，意志减退；容易焦虑，出现睡眠障碍，感到全身不适等；最危险的症状是萌发“自己活在世上是多余的”“结束自己的生命是一种解脱”的念头，并会使自杀企图发展成自杀行为。当出现生活压力过大、遭遇突发变故、受到舆论不公正的评价或者是恶意诽谤等状况时，患者的内心会产生极度的悲伤甚至绝望，如果得不到及时的治疗，极易选择自杀。

从杨子枚的叙述来看，她的妈妈应该不是抑郁症，只是因为亲人突然离世，悲伤难抑、情绪极度低落而已。所以子枚不必担心妈妈，相信随着时间的推移，她会逐渐调整好自己，并从失去亲人的悲痛中慢慢走出，或者把失去姐姐的悲痛埋藏在心底，恢复正常的生活。

另外，我想对子枚的爸爸说：即便是专业人士，也不会轻易给人贴上抑郁症的标签。你这样做，只能是自以为是地用无知伤害自己的孩子，百害而无一利。如果怀疑妻子有抑郁倾向，请给予她更多的关爱，并陪伴她积极寻求医生的帮助。

《可爱的你》是乔任梁唱的一首歌曲，其中有这样的歌词：

你抬头望

看天使在歌唱

ha…lovely you

ha…lovely you

你可爱的脸有星星的光芒

我的爱永远守候在你身旁……

嗨，可爱的你！如果发现自己出现抑郁症的症状，而且持续时间比较长，请不要隐瞒回避，不要妄自猜测，更不能讳疾忌医，请正视它并勇敢地寻求专业医生的诊治。

嗨，可爱的你！如果发现身边有抑郁症患者，请不要冷眼旁观，不要指手画脚，更不要妄加指责和评判，你的鼓励、关心和陪伴，是帮助他驱除体内“杀手”的利剑。

“逆反”的他还能“逆袭”吗?

顾尚：唉，这事儿说来连我自己也难以置信！从六年级下学期开始，我变得异常叛逆——不管是在学校还是在家里，经常为了别人眼里一点芝麻大的小事就大发脾气。

最厉害的一次是一个周六的晚上，爸爸的朋友来我家里玩耍，大概他们好久没有见面了，一见面就大声喧哗，然后是一边喝酒一边聊天。

本来我在自己的卧室里看漫画，忽然感觉他们的声音实在太大，搅得我心烦意乱，就不假思索冲到客厅对着他们大发雷霆，说了一些“别吵了、小声点儿”之类的话。

爸爸满脸尴尬，但他强忍着怒气说：“这里没你的事，赶紧回屋去吧!”

他的朋友则都愣在那里，不再说话，显然是被我的气势吓着了。

我心满意足地回到屋里继续看漫画。可是，只安静了一会儿，他们的争论声再次响起，好像在争论什么球队的事，一点儿也没有停下的意思。

我顿时感到怒火中烧，冲进厨房就拿了一把菜刀，然后冲进客厅，单手叉腰大声说：“别吵了！别吵了！你们走吧，赶紧走!”

爸爸的朋友们再次傻了，一个叔叔摇摇头，抓起衣服就离开了。其他人看看我爸爸做无奈状，也灰溜溜地走了。

客人走后，爸爸很生气地对我说：“你怎么这么自私啊！你怎么变成这样啦？连点礼貌也没有！今天是周末，我和朋友聚一下碍你什么事啦！”

我也毫不示弱地说：“你才自私呢！你这是些什么朋友啊？抽烟、喝酒、大声喧哗。你们一点儿也不顾及我的感受，凭什么让我忍气吞声？”

我和爸爸你一言我一语就吵起来了，谁也不让谁。最后，还是在上完夜班回家的妈妈的调解下，我俩才偃旗息鼓，各自气鼓鼓地回房间睡觉了。

不仅在家里和爸爸的关系紧张，在学校里我和老师之间也很僵。越是老师不让做的事，我就越要去做，比如我经常大加赞赏那些与老师对着干的同学，仿佛这样就能证明自己很有主见似的。

这样的状态持续了一段时间，我发现自己非常不受人待见，在学校里有种被孤立的感觉，我心里很难过。我知道自己存在逆反心理，但又控制不了自己。仪老师，我该怎么办呢？

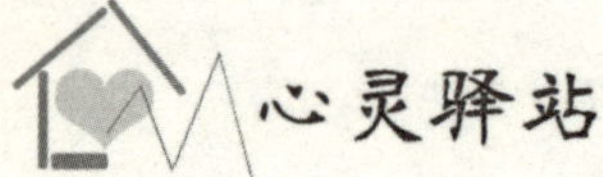

心灵驿站

仪老师：顾尚的经历貌似不可思议，却是活生生的事实。可以说，顾尚的表现确实是逆反心理使然。

逆反心理是青少年成长过程中经常会出现的一种心理状态，也是这个年龄阶段的孩子一个突出的心理特点。出现逆反心理的孩子，生活中可能会有如下表现：

有时候为了表现自己的“非凡”和不一般，喜欢对任何事物进行批评。比如有人说某座建筑很壮观，他可能不假思索马上就说“我怎么不觉得呢?”有时候为了维护强烈的自尊，轻易就对对方的要求采取相反的态度和言行，越是不让他做的事，他就越要去做，叫他往东他一定往西，就像农村老人们常说的“叫他打狗，他去吓鸡”。仿佛只有这样，才能证明自己有主见。比如老师说某个明星的某种发型不好看，他就非要保持那种发型；妈妈说不愿意他与某某同学交往，他非要和某某交往；比如顾尚经常大加赞赏那些与老师对着干的同学，等等。有时候他会感到或担心外界忽视了自己的独立存在，于是就用各种手段和方法来确立“自我”与外界的平等地位。大人的批评常常更容易引起他们的愤怒和反感，比如故事中顾尚拿着菜刀冲进客厅的行为，就是因为爸爸当着众人对他的批评加剧了他的愤怒，最终导致出现了他自己也难以置信的表现，这其实就是典型的逆反心理使然。

为什么会有这样的表现呢？这是因为进入青春期的青少年，也处于心理断乳期，随着生理不断走向成熟，心理也会随之不断发生变化，一个突出的表现就是独立意识和自我意识日益增强，自以为已经“长大了”。而且，随着年龄的增长、交往范围的扩大、知识的丰富和视野的开阔，青少年可能会形成与父辈相差甚远的人生观和价值观。在这种心理状态下，他们不但不再对家长和老师怀有崇拜意识，不再对父母和老师言听计从，而且还可能会对父母的严格管教和无限关怀进行激烈的反抗。有时出于强烈的好奇心理，如果家长或者老师告诉他“你不能看”“你别无选择”，他就越不会相信，而且还可能会想方设法去观看大人不让看的东西，或者采取家长和老师反对他采取的行为。

其实，这个年龄的孩子特别希望家长和老师把自己当作“大人”，重视自己的自尊，尊重自己的意愿和意志。他们强烈反对压制和强行灌输。尽管自己还不能完全明辨是非善恶，自我控制能力也还存在欠缺，但是，他们强烈希望凡事最好由自己来权衡利弊、做出选择。然而，因为有的家长和老师对这个年龄的孩子缺乏了解，对孩子们的逆反心理没有足够的认识，依然采取压制和强行灌输的方式，最终导致出现各种矛盾和冲突，既影响亲子关系、师生关系的和谐发展，孩子们也可能会被贴上“不听话”“自以为是”“没法管”等标签。

所以，一旦发现孩子出现逆反心理，家长或者老师就要注意自己的沟通方式。首先要尊重孩子们的意愿和意志，既不过分呵护他们，也要坚决避免压制和强行灌输。如果孩子想要做什么事情或者需要做出某种选择，家长和老师可以告诉他针对这件事某某人的观点和态度是怎样的，然后说明这个观点和态度所产生的后果，在潜移默化中让孩子接受大人们的引领和引导。至于孩子究竟应该怎么做，由他来权衡利弊，让他自己做出选择。当然，要事先沟通好需要他自己承担选择后的结果。

而对于青少年来说，一旦发现自己出现逆反心理，首先要注意的也是自己与父母和老师的沟通方式。由于素质不同、性格迥异，父母或者老师处理问题的方式可能让人难以接受，但请相信他们的出发点都是好的，要理解他们的良苦用心。其次，一旦观点或者意见不一致，要反复暗示自己保持冷静，然后及时与大人进行交流和沟通，即便是因为观点不一致等发生矛盾和冲突，也要尽可能控制自己的言行，不断提醒自己身上担负的责任，避免做出不可挽回的傻事。同时，在日常生活中，青少年还可以通过培养高雅情趣、参加体育活动等来转移自己的注意力；通过多读书让自己的心灵更加丰富，让自己的思维更加开阔。总之，要有意识地采取恰当的措施让自己安全度过叛逆期。

其实，步入青春期产生逆反心理是正常的，逆反心理也并非不可思议的东西。但是，有一点需要特别注意：当青春期的孩子逆反心理反应特别强烈时，比如出现偏执、冷漠、不合群等病态性格，或者出现精神萎靡、学习被动、意志衰退等现象，甚至构成心理定式，无论何时何地都与常理背道而驰时，就应该引起高度重视。如果不及时加以疏导和矫正，任其继续发展下去，就会对身心健康非常不利。所以，一旦发现这种状况，就要有意识地寻求老师、家长或者心理专家的帮助。

有句流行语说：你若想得到世界上最好的东西，先得让世界看到最好的你。还有一句话说得好：有时候你以为天塌下来了，其实是自己站歪了。青春期产生逆反心理，只要早发现、早处理，不躲避、不逃避，与家长、老师和同学齐心协力共同面对，安全度过叛逆期就不成问题。

少年如溪

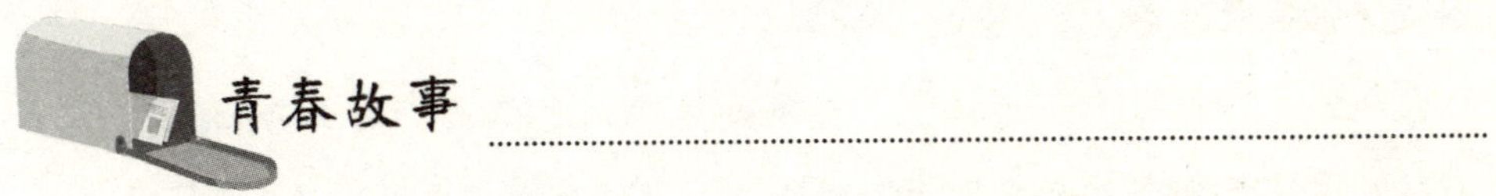

周蕊蕊：简直难以置信，李小溪竟然把张老师打了！要不是亲眼所见，无论如何我也不会相信这是真的。

这是一节自习课，上课铃声已经响了很久了，李小溪还张牙舞爪地站在椅子上发狂。作为班长，我只能走上前去示意他赶紧坐下，他置之不理，我也无能为力。好在班里的同学对李小溪的行径早已习以为常。

这时候，班主任张老师突然推门而入，他冲着李小溪大喊一声："李小溪，你马上到教室外面去！"张老师是刚刚给我们班当班主任的，前一个班主任已经被李小溪气得辞职了。

众目睽睽之下，李小溪很不以为然地从椅子上跳下来，一边故作轻松地坐下，一边嘟囔着："你凭什么让我出去？我有权利坐在教室里。"

张老师气呼呼地走过去，一把拽住李小溪的胳膊，大声说："我已经警告过你了，你是知道的，班里的家长联名给校长写信好几次了，要求你立即转学，不能再影响其他同学学习！你怎么就不知悔改呢！"说着，拽着李小溪就往外走。

看张老师当众这样说，李小溪也恼羞成怒了，他一边使劲儿挣脱张老师的手，一边嚷嚷着："谁让你们都欺负我的！不让我舒服，我就让大家都没有好日子过！"

张老师想把李小溪拽到外面去，李小溪想竭力留在教室里，两个人就拉扯起来。我站在一边，正不知如何是好呢，李小溪突然就用另一只手“啪”的一下打在了张老师的脸上。

大家都傻眼了！张老师显然也被打蒙了，他一脚就把李小溪踹倒在地。

李小溪大喊：“你竟然打我！你没有师德！”

张老师气呼呼地站着，浑身打哆嗦，说：“我就打你了！怎么着吧！”两个人剑拔弩张地对峙着。

我吓傻了！作为一个女孩子，我不知道应该怎么办。怎么会出现这样的局面呢？这还是那个整天哭哭啼啼到处求安慰的李小溪吗？

记得初一军训开始的第一天，李小溪就引起了我的注意。那时候，大家都在咬紧牙关坚持训练，只有他仰面朝天躺在操场上，眉头紧皱，一脸痛苦的表情，好像生病了。班主任安慰了他几句，然后让我陪着他去找校医。还好，校医确定他的身体没有任何问题。我想，他可能受不了站军姿之苦吧。

三天军训期间，李小溪基本上都是哭哭啼啼地坐在操场上看大家训练。军训结束，同学们很快就投入到新的学习生活中去，李小溪却还是经常哭哭啼啼，满脸痛苦非常可怜的样子。

最初我以为，他只是不喜欢住校而已。听说以前有很多这样的男孩子，因为不愿意住校，所以就想以持续自虐的方式引起老师们的同情，然后心生怜悯允许他走读了事。

可是，后来我发现，李小溪之所以有这样的表现，不仅仅是不想住校这么简单。

有一次上美术课，李小溪并不听从老师的要求，先是在本子上画了大半天，然后就泪流满面。

作为同桌，我吓坏了，看班里的同学都在按照老师的要求叽叽喳喳地交流着彼此的画，我赶紧小声地问：“你怎么啦？遇到什么事了？”

李小溪兀自流泪，并不回答。过了一会儿，他打开自己手里的小本子，说："你看，这才是我想要的家啊！"

我接过他的本子一看，本子上画着一幅画，最中间站着一个眉开眼笑的男孩子，两边分别站着两个大人，彼此手牵着手，很亲密的样子。

刹那间，我忽然明白了，李小溪的家里一定是遇到什么问题了。

"我猜，你家里一定是遇到问题了。你愿意告诉我吗？"我说。

李小溪抹抹眼泪，然后断断续续地告诉我家里发生的一切。原来，李小溪的爸爸妈妈在他三岁的时候就离婚了，而且直到现在还闹得非常不愉快。他的爸爸脾气暴躁，吃喝嫖赌"无恶不作"，家里的东西都被他砸烂了，爷爷也是被他气死的，李小溪恨死他爸爸了……

再后来，不再哭哭啼啼的李小溪，变得就像混世魔王一般：整天迟到早退且不说，只要班主任不在教室里，上课的时候，他不但不能安静地坐在座位上，而且，他还在大家进行讨论的时候，在教室里乱窜，四处捣乱，那些被他骚扰的同学也是无可奈何。

现在，他竟然把班主任给打了。他怎么能这样呢？仪老师，你说他还有救吗？请帮帮他吧！

仪老师：看罢周蕊蕊的讲述，我既感到震撼，也感到很遗憾。

首先，虽然张老师当众揭短有点不妥，但李小溪打老师更是错误的。不学习、扰乱课堂纪律、动辄和同学打架……班里的家长们联名写信给校长要求他转学，说明李小溪的行为已经给班里造成了很不好的影响、引起公愤了。在班主任发出警告的情况下，李小溪不但不好好反思自己、改过自新，而且还理直气壮地和老师顶撞，确实很不应该。当然，张老师在被李小溪打了一耳光的情况下，气急冲动踹了他一脚，也确实欠妥。

其次，我想说的是，根据李小溪的诉说推断，父母离婚的时候，他也就三岁的年纪，他怎么能对爸爸有这样刻骨铭心的记忆？我想一定是家里人告诉他这些的，而且还是添油加醋了，告诉他的全部是爸爸“坏的一面”。在他的心中，深深地播种了一种思想：是这个“十恶不赦”的爸爸，破坏了本来完整幸福的家。

我曾经看到一篇文章中说：“妈妈常说爸爸不好、不认同爸爸，孩子为了能和爸爸联结，会采取强烈的方式，也就是和爸爸做相同的事。”当时，我对此还表示过怀疑。可是，现在看看李小溪所表现出来的一切，无不体现着他眼里那个“无恶不作”、遇到问题就依靠拳头来解决的爸爸的影子。

从周蕊蕊的诉说来看，目前，李小溪已经把自己紧紧地包裹了起来，一副油盐不进唯我独尊的样子。如果这样持续发展下去，李小溪会变成什么样子，真的是不敢想象，也不得而知。我对李小溪表示同情，我觉得他更需要老师和同学的安慰和心理咨询师的疏导。而李小溪的妈妈，最好也去找专业人士进行咨询，尽快找到帮助李小溪走出困境的方法。

有人说，少年如溪，应该是日日叮咚如歌，天天快乐如舞。小溪是平和的，遇到障碍就顺其自然绕道而行，所以总是曲曲折折。然而小溪又是善变的，一场大雨就可能使它改弦更张，改变了流淌的方向。

我希望这个叫李小溪的男孩子，也能像小溪一样，虽然一场家庭的大雨使他改弦更张，改变了流淌的道路，不得不蜿蜒前行，但是，经过大家的引导和帮助，经过他自己的坚持和努力，最终也能成为一条自得其乐的小溪。

“折翼天使”的春天在哪里

白当当：同桌是个浑身“公主病”的家伙，整天嗲声嗲气的，似乎跟每一位男生都能擦出火花，这让我很反感。可是有一天，老远看见她爸爸疾步如飞跑过来，嘴里一直喊着“小天使小天使”，虽然我浑身起了鸡皮疙瘩，但是，不得不承认，同桌之所以公主感爆棚，是因为这个视她为天使的爸爸。

我有点小感动，甚至还有点羡慕。其实，就在两年前，我也是曾经这样被爸爸称作小天使的。爸爸工作非常忙，几乎整天不见身影。印象中，一年里只有重要节日我们才在一起吃饭，而且，爸爸吃完饭就立即匆匆忙忙地去加班。爸爸加班是为了给家里多赚点钱，这是妈妈告诉我的。可是，我宁愿不花钱，也不愿意爸爸整天加班。所以，我一直比较节俭。

忘记从什么时候开始，爸爸妈妈开始吵架。但谁也没有大声嚷嚷过，都是我从他们的卧室门外听到的。当时我还感到很奇怪，听两个人的语气，冰冷得就像冬天下了雪，但都竭力压低嗓音，给人以电视剧里地下工作者的感觉。后来我偷偷看到了妈妈的日记才知道，他俩之所以这样做，是为了保护还没有长大的我。

我不希望爸爸妈妈离婚，因为我感觉班里那几个父母离婚的同学都挺悲惨的。可是，六年级的那个春天，爸爸妈妈还是离婚了。起初，妈妈只是告诉我爸爸到外地出长差了，一时半会儿回不来。我点点头，期待这是真的。

可是，妈妈不在家的时候，我翻遍了他们卧室的所有衣橱，也没有找到爸爸的一件衣裳。

这怎么可能呢？即便是出差，也不可能把所有的衣物都带走啊！我仿佛掉进了万丈深渊，心里惊恐万分。如果他们离婚了，我怎么办？偶尔，我心里还会充满期待，希望爸爸真的是到外地出差了。

一天放学回家，我发现大门半掩着，以为家里进小偷了，刚想拔腿往楼下跑，就听见妈妈在打电话说："没什么可留恋的了，那边都生了孩子呢，成全他们吧，只是苦了当当了！"

我的眼泪立刻就涌出来了。这么说，爸爸妈妈已经离婚是毫无疑问的，我成了"折翼天使"了！那段时间，我强颜欢笑的时候也不多，几乎整天闷闷不乐。虽然我想问问妈妈究竟是为什么，可是，每当看到妈妈疲惫不堪的脸，还有她那瘦弱但为了我不得不坚强的双肩，我就假装不知道这个谎言。

相信有一天，等我拥有了足够的力量，一定能迎来我作为"折翼天使"的春天！仪老师，你说是吗？

心灵驿站

仪老师： 读完白当当的故事，我深深地被感动了。虽然不幸遭遇父母离异，但是，当当的善良、聪颖和坚强，让我相信她一定能迎来属于自己的美好春天！

近几年，我国离婚率呈增高趋势，父母离异成为一个无法回避的话题。现在的学校里，几乎每个班都有因为父母离异而出现问题的孩子。大部分离异家庭的孩子比较敏感、脆弱。据报道，在对100名少年犯进行抽样调查中发现，有60%的人来自离异家庭。父母离异，可能会成为孩子心灵健康的杀手。

因为各种原因夫妻离异无可厚非。但做父母的一定都要关注孩子的心理，明确各自在生活中应该扮演的角色、应担负的责任，坚决不能因为离异而互相推卸责任，无论理由是什么。对于离异的事实，为了保护孩子可以回避、隐瞒，但当孩子有了自己的思想和观察力，尤其是已经知道父母离异的事实时，为了不影响孩子对问题的判断，和孩子说明真相反而能让孩子尽早鼓起勇气面对现实。

对待离异家庭的孩子，老师需要多用心思。曾经有个班主任发现班里一个父母离异的女生出现问题，让我找她聊聊。如果我直接找她显然太突兀了，容易让女孩子产生抗拒心理。于是，我俩一起商定，班主任假装让她给我送作业，我顺理成章地假借她的作业而聊开，旁敲侧击之下，也许能对孩子进行一些引领和疏导。

而对孩子来说，遭遇父母离异是不幸的，但坚决不能自暴自弃，而要尽力把不幸缩减到最低。请相信，无论怎样选择，父母都会继续关心爱护自己。当然，最重要的是好好珍惜在校学习的机会，多读书开阔视野，积极参加各种活动锻炼自己的各种能力，努力让自己长本事，才能早日具备承担责任、创造幸福的能力。

记住：只要你肯站起来，没有过不去的坎儿！加油！

他需要的“奢侈品”

青春故事

华子丰： 说出来你也许不相信，我很喜欢奢侈品。

记得随团到欧洲游玩的时候，走在世界名校的校园，大部分同学都兴奋不已，而我却心如止水一般。虽然我也是第一次到欧洲，但我对那些古典建筑、悠久历史等丝毫不感兴趣。只有到了购物店，我才两眼放光，连续刷卡，感觉很潇洒很爽。那次欧洲之行，我买了两块手表，共花费近六万元。看着别人瞪大的双眼，我感到非常舒坦。没办法，我的父母一人给我一张卡，上面各有五万元钱，不就是让我花钱买舒坦吗？

有一次，班主任找我谈话，提醒我不能只知道玩耍、穿名牌，也应该在学习上努力一把。我只是乖乖地点头，并不说话，其实我根本就不知道应该说什么。可是，我鬼使神差地从口袋里掏出手表，问：“老师，你知道这块手表多少钱吗？”

班主任长得挺帅的，一年四季都穿校服，白衬衣、蓝裤子、跑步鞋。第一次见面，我觉得他四十多岁了，后来听说其实他才28岁。

老师看了看我的手表，十分肯定地说：“这块手表应该不便宜，怎么也得三千五千的。”

唉，连老师都不知道这是世界名牌，我真是白白炫耀了。

“这块手表两万七千元。”我说。然后，我看见班主任立即张大了嘴，就仿佛突然掉了下巴。但他瞬间就恢复了原状，语重心长地说："父母都忙，只知道给你钱，你可不能只知道花钱啊！"

我点点头。没错儿，爸爸妈妈都很忙，忙工作、忙着各自重新成家。我不知道自己是应该悲哀呢还是应该喜悦。他们不吵架了，但他们又要成为别人的爸爸或者妈妈。我用耳朵想一想也是够心塞的。

其实，有时候我也挺矛盾的，奢侈品可以让我得到别人的艳羡，给我带来满足感，但是在这个三线城市，没有多少人能真正明白这些奢侈品的价值，有的同学甚至还以为我是在吹牛呢。我知道，自己只是一个初中生，与这些奢侈品并不匹配。可是，每当回到空荡荡的家里，我就觉得还是奢侈品让生活变得有意思。

仪老师，虽然我不是优柔寡断的性格，但是现在我真的好纠结！

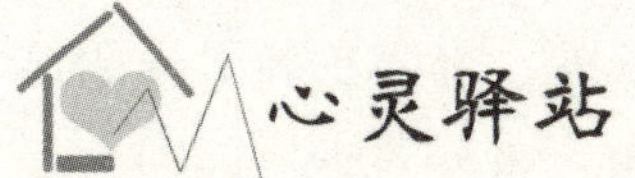

心灵驿站

仪老师：对于子丰喜欢购买并穿戴奢侈品的事，我表示震惊，但同时又充满同情。我觉得他真正需要的不是这些奢侈品，而是别人的关注和父母的关心。

因为子丰的父母都很忙且各自准备再婚，无法及时照顾他、呵护他，就用金钱和奢侈品来表达对他的歉意，所以就尽力满足他的要求，而这种满足给了他强烈的心理安慰。为了获得更多的安慰，淡化父母不在一起造成的不安全感，子丰就不断地买贵重的东西，东西越是贵重，似乎越是父母爱自己的一种证明。而且，虽然不能随时肆意享受到父母的关爱，但可以通过穿戴奢侈品来向他人展示自己的"优势"。从这些行为看，子丰和父母都存在一种补偿心理。

据研究资料显示，当人出现生理上的缺陷或心理上的不足，就会努力发展其他方面的优势或者长处。心理补偿如果运用得当，会促使人更加努力弥补自己的不足，会使人变得更加坚强，而坚强的性格正是获取成功的心理基础。生活中，那些生理有缺陷或者遭遇重大生活苦难的人，往往会努力获得更加突出的成就。

所以，子丰需要的不是通过购买奢侈品来补偿自己，而是正视父母离异这件事。虽然父母不在一起了，但都很关心他、爱他，子丰也要通过努力成为能承担责任的自己。自尊、自信、自立、自强才是人最应该拥有的最宝贵的奢侈品。子丰现在购买奢侈品的钱都是父母给的，子丰有没有想过，万一有一天父母出现资金困难，该怎么办？只有自己具备了获得奢侈品的能力，这些奢侈品才能真正属于自己。再说，手表等奢侈品也不适合带到学校里来，上体育课、参加活动时万一摔坏了很可惜，放在宿舍里也不安全。所以，子丰已经拥有的那些奢侈品，我建议暂且放在家里。

在这里，我还想提醒一下子丰父母：通过金钱来补偿对孩子爱的缺失，是溺爱、放纵孩子。这种溺爱和放纵，会让正在成长的、需要正确引导的孩子变得失去生活目标和责任感，甚至会让他无所事事、自暴自弃。即便是离异，父母也要用正常的方式及时关心爱护孩子，坚决不能让父母的关爱成为孩子可望而不可即的“奢侈品”。

都是“多多”惹的祸?

贝克汉：我是《儿童文学》的忠实读者，关注“秘密花园”很久了。我今年读初三，学习压力很大，但正遭遇一些来自狗狗的烦恼和困惑，也想跟仪老师说一说。

初二下学期开始，爸爸竟然喜欢养狗了。记得有一天我放学回家，听见有小狗在屋里“哼哼”着。跑过去一看，是一只漂亮的白色小狗。妈妈说，这是一只拉布拉多犬，是别人送给爸爸的。我上网查了查，了解到这种小狗性情温和、举止文雅、活泼好动、聪明听话、没有攻击性。我很喜欢，为它取名“多多”。不知道为什么，看到多多，我竟然有一种在家里有了小伙伴的感觉。

开始的时候，爸爸兴致勃勃地购买专用奶粉、专用狗粮、钙片等，定时定量地喂养多多，说食物不能过冷也不能过热，太热会影响食欲，烫坏小狗的牙齿；太凉则容易吃坏肚子。喂完后还要清洗餐具，定期消毒。我发现最麻烦的就是给多多洗澡了。爸爸让多多在浴盆里站稳，蘸着水轻轻地梳理一遍它的毛，然后用消完毒的棉花球把狗狗的耳朵堵住，然后淋上温水，涂上专用洗发液，轻轻擦洗……最后，爸爸还用吹风机把多多的毛发吹干，一边吹一边梳理。陪着多多玩耍、散步，也成了爸爸回家后的重要工作。用妈妈的话说，我小的时候，爸爸也没有这么用心地照顾过。

多多很聪明，很快就会察言观色。每当我放学回家，它就不停地跳起，尾巴使劲地左右摇摆着，目光柔和地看着我，很是可爱。有时它想出门了，就轻轻地摇着尾巴，乞求地望着爸爸，真是太可爱了。多多的到来让我家充满了快乐。

可是，这种快乐却是暂时的。不到三个月，爸爸就开始不耐烦了。他一回家就冲我妈嚷嚷，说他工作已经很累了，一天到晚还要为小狗忙活着。妈妈开始的时候总是忍耐着，经不住爸爸天天叨叨，就忍无可忍地说："谁让你养狗来？"然后，爸爸就默不作声了。但他竟然开始打骂多多，经常弄得多多"呜呜"地叫着。

在屋里写作业的我实在听不下去了，就和爸爸吵架。爸爸却说我不关心他只关心狗，有时候我俩一直僵持着。现在，一听到多多的叫声我就怀疑是爸爸在打它，就忍不住生气地跑出来看，或者很烦躁地待在屋里，恨不得马上离开家。

初三了，大家都在奋力拼搏，我也想努力考入满意的高中，可是因为多多，我在家根本就无法安静。怎么办呢？请仪老师帮帮我吧！

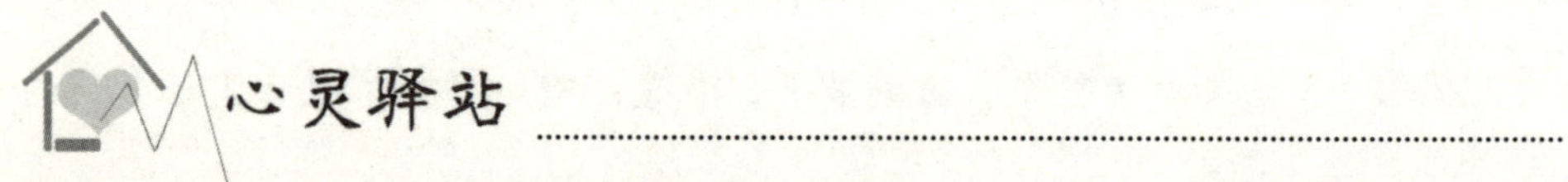

心灵驿站

仪老师：我们不妨先把贝克汉的苦恼梳理一下：因为喂养小狗很辛苦，爸爸不能任劳任怨；妈妈不能忍受爸爸的抱怨；爸爸对着小狗发泄自己的不良情绪，贝克汉看不下去，就和爸爸吵架。家里为此事吵闹不休，让正读初三的贝克汉无法安心学习，而且有点儿想逃离。

表面上看，给他们家带来矛盾的是这条叫"多多"的小狗，实际上，是他们仨的交流沟通和相处方式出了问题。

当初，是谁决定要养这样一条小狗的？洗衣做饭干家务、照顾小狗等又是怎么分工的？如果是爸爸不和其他人商量就独自决定的，那么，在工作条件允许的情况下，主要由他承担照顾小狗的责任是应该的，爸爸不能满怀怨言。如果是一家三口的决定，目前又不想把小狗送走，那么，可以再分工明确一些，既减轻爸爸的负担，又避免妈妈的怨言。所以，贝克汉可以这样做：找时间邀请父母坐下来，把自己的苦恼和建议明明白白地告诉他们，如果解决不了养狗的矛盾和烦恼，可以商量一下暂时把小狗送人寄养一段时间。

我想对贝克汉的爸爸说：虽然不知道您是干什么工作的，但从孩子的描述来看，似乎您并不是整天辛苦奔波。既然决定养狗，就好好对待小狗。作为家庭中的一员，您主动承担一些家务，既是责任也是义务。更重要的是，在孩子成长阶段，父母的言行举止有潜移默化的作用，一个抱怨并打骂小狗的爸爸，容易被贴上“没有爱心、不能承担责任”的标签。一旦被贴上这样的标签，您还指望孩子能听从您的教诲吗？如果孩子对您不信服、不尊重、不佩服，家长的威严、威信从哪里来呢？因为一只本来可以给家人带来快乐的小狗，却让孩子感到家里鸡犬不宁，甚至想逃离，您觉得自己不需要反思吗？

榜样的力量是无穷的，父母的言传身教极其重要。故事看似是一只小狗惹的祸，其实惹是生非的不是小狗多多，而是最初让多多来家里的始作俑者。

第三章　梦想的翅膀

她是老师的“眼中钉”？

穆友馨：各种迹象表明，我成了各科老师的“眼中钉”。自从期中考试以后，我就陷入了上课就被老师提问的困境——没错儿，我感觉自己被深深地困在了课堂上，稍不留神就会被老师们弄得哑口无言或者羞惭难当。

到底是因为什么？我上课不吃零食、不打瞌睡、不交头接耳、不玩手机，更没有和异性同学眉来眼去……为什么却成了老师们不约而同一起关注的“眼中钉”呢？

夜深人静的时候，我独自反思自己的言行，却找不到任何理由。课后，几个好朋友也和我一起认真地分析情形。

李红雪说：“你这一次考试进步很大，引起老师们注意了！”

可是，班里进步的同学那么多，为什么单单提问我呢？

夏蓝荷说：“别瞎想了，我发现你最近有点儿嘚瑟，老师是通过提问警告你呢！”

可是，我除了要求妈妈奖励了一个硕大的布娃娃，感觉自己没怎么嘚瑟啊！

王白华说：“难道，老师们知道了你爸爸是校长的学生这件事吗？”

哈哈，我爸爸的高中老师确实当校长，但那是在遥远的老家！

那么，究竟是什么原因呢？

张晓丽噘着嘴巴，长长地叹了一口气，故作深沉地说：“难道你们没发现吗？上课被老师提问的基本上都是差生！像我这样的学霸，属于老师十万个放心的学生，课堂上什么时候被老师轮番轰炸过？”

大家听罢，面面相觑，忽然觉得张晓丽说的似乎很有道理。她被老师提问检查的时候几乎没有，只有在没人回答问题时，老师才喊她的名字，那荣耀真的是无与伦比。

想到这些，我心里竟然有怅然若失的感觉。我，怎么会成为老师眼里的“差生”呢？如果是这样，我可不愿意当这个带有耻辱色彩的“眼中钉”！

仪老师，你也把“差生”当作“眼中钉”而提问检查吗？

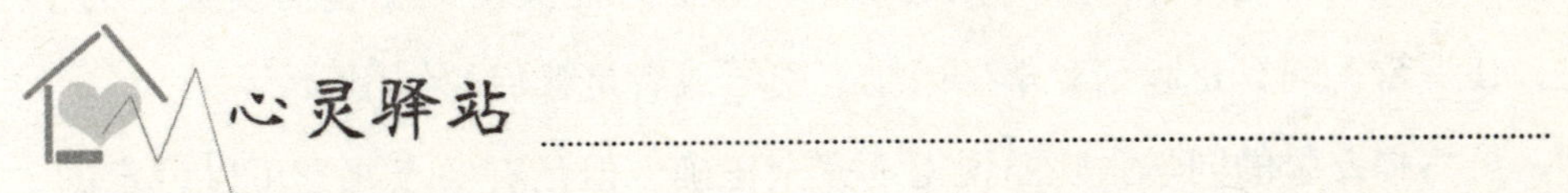

仪老师：穆友馨提出了一个值得我们好好聊聊的话题。在回答她的问题之前，首先，我想说一说我们学校老师们的做法：每一次大型考试结束之后，我们每一个班的任课老师都要聚集在一起，开一个“作业组分析会”。在这个分析会上，班主任会把每一个学生的精神状态、总体成绩、各科成绩、家庭现状等情况，逐一进行汇报和分析，各科老师会认真倾听，并逐一做好记录和标记。然后，各科老师再把自己上课时发现的问题，逐一反馈给班主任和其他各位老师，最后大家再一起讨论、分析、确定各自的“目标学生”，并且找到针对“目标学生”出现的问题而要采取的、本学科相应的措施。

所以，根据我的经验来看，穆友馨同学应该存在弱势学科，或者是学科成绩不平衡，或者是学习习惯有欠缺，或者是学习上具有很大的潜力等，而被老师们列为自己的“目标学生”了。

既然将其列为“目标学生”，那么，老师们肯定都会采取措施对她进行关注和督促。大家知道，老师们会利用课余时间，把这些“目标学生”叫到办公室或者谈话室，进行个别谈心，进一步了解学生的生活、学习等情况，表达自己对他们的关心，也增强这些学生的信心。当然，课堂提问也是老师们关注“目标学生”的惯用措施。课堂提问的目的，是提醒、促使、监督学生更好地、自觉地投入到学习中去。一般来说，老师提问题的时候也是因人而异，比如说：提问待优生一些简单的、浅显的问题，回答正确之后，对他进行鼓励，增强待优生的信心；提问中等生一些有一定难度但难度不大的问题，回答正确就表扬，回答错误也没关系，以增强他们的心理承受能力，激励他们鼓足自觉学习、自主探究的勇气；而那些确实有难度的问题，一般就提问那些学习成绩优秀的学生，这类学生的回答往往是正确的，即便不正确，也可以看看学生的思路，为老师的针对性讲解提供更多的铺垫和基础。总而言之，在课堂上，老师都会在有限的时间内，尽可能关注到更多需要关注的学生，让课堂提问真正起到对学生鼓励、引导或者是督促的作用。

虽然穆友馨的同学张晓丽说得不完全正确，但是有一点儿是可以肯定的，对于那些自觉自律能力强而且学习成绩优秀的学生，老师们一般是不提问检查的。我确实也有很多“放心学生”，课堂上几乎从来不提问检查他们，有时候，我只是与他们进行一个眼神交流，就明白他们对问题的掌握情况。但是，我会事先明确告诉他们：“你们是我放心的学生，相信你们能自觉自律自主地学习，可不要辜负我对你们的信任啊!”当然，我的大部分“放心学生”都会让我很放心，不但知识掌握得很好，而且密切联系生活实际、灵活运用知识的能力也会有很大提高。

张晓丽“上课被老师提问的基本上都是差生”的说法是不对的，但是，这个说法也反映出了一个生活中存在的事实，那就是：有些经常被老师提问的学生，会以为自己惹着老师了，成了老师的“眼中钉”。有的学生甚至认为，被老师提问就证明自己是差生，觉得在班里同学面前很没有面子，所以就用行动抗拒老师的关注，比如：对老师的提问不理不睬、消极对待，要么拒绝回答、一句话不说，要么直接站起来理直气壮地说“我不会”，有的学生甚至不愿意上这个老师的课等。我觉得，这真的是对老师课堂提问的误解，这样做也是非常不合适的。说实话，如果成为初中生之后还存在这种想法，只能证明自己真的还没有长大。

当然了，生活中也存在这样的现象：个别老师总是提问班里那几个学习成绩好的学生，这也让部分学生产生反感心理，回答问题的时候更不主动、更不积极，长期下去，不但会影响课堂气氛，而且还会影响师生关系。这需要我们当老师的注意。

大家看，通过以上的分析，我们不难发现，穆友馨同学屡屡被各科老师上课提问，并非被贴上了“差生”的标签，更不是成了老师的“眼中钉”，而是已经成为老师们的“目标学生”，老师们正齐心协力帮助她，让她变得更加优秀呢！

所以，在以后的学习生活中，我们一定要正确对待老师的课堂提问，理解老师们的良苦用心，主动融入课堂活动，积极参与并锻炼自己的表达能力，让课堂真正变成自己学习知识、提升能力、开阔视野的主阵地。

当“学霸”变成“游戏大侠”

青春故事

郭啸天：有一天，我忽然从妈妈的手机报上，看到一则新闻，新闻说，一名17岁的少年，为了筹集上网费而实施抢劫，最终被关进了看守所。

新闻报道说，刚上初中的时候，这个少年的学习成绩其实还是挺好的。但是，一次偶然的机会，他接触到了网络游戏，并逐渐上瘾了，就开始从学校翻墙去网吧上网，甚至吃住都在网吧里。当然，他的学习成绩也迅速下滑。虽然他的班主任在知道情况以后，加强了对他的管理，他的父母也严格控制他的花销，但是，这些都没能阻止他沉迷网络。最后，为了弄到上网玩游戏的钱，他开始抢劫，在第二次抢劫的时候被当场抓获。

“很后悔！想到以后就待在这里了，心里真的很害怕。我想告诉大家千万不要像我一样。”在监狱里，这个少年这么劝诫大家。

你可能会问：网络游戏的魔力巨大到能把一个学习成绩不错的花季少年，变成一个持刀抢劫的犯罪者吗？

能！这是我的回答。因为我正是由“学霸”变成了“游戏大侠”呢！

说来话长。我的爸爸妈妈对我要求很严格，从小就不让我上网玩游戏。即使我要上网查找资料，也必须在妈妈的监督之下。说实话，这让我很不爽！因为在同学们谈论各种游戏玩法的时候，我只能待在一边像个傻瓜似的一言不发，因为我啥也不知道啊！这让我非常尴尬。

有一次，我在“游戏大侠”王小强的带领下来到一个网吧，课堂上回答问题时总是支支吾吾的他，玩游戏时却像进入乐园一般眉飞色舞、侃侃而谈，我感到很惊奇，也心生艳羡，于是，就在他的教导下尝试着玩了几把。说真的，对于以“聪明”著称的我来说，玩游戏也不在话下。从那以后，我对网络“一网情深”，欲罢不能。上课时总是无精打采的，放学后一来到网吧就立刻神采奕奕了。你相信吗？为了到网吧上网和购买装备，人缘极好的我两个月内借了十几个同学的500多元钱，随着游戏积分“噌噌”增长，我也由原来的“学霸”华丽转身变成了“游戏大侠”。当然，在体重减轻的同时，我的学习成绩也下降了，然后，班主任通知了我的妈妈……

唉……仪老师，你说我该怎么办呢？

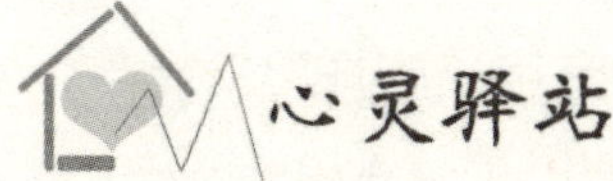

心灵驿站

仪老师：郭啸天的经历，的确让人扼腕叹息，但他并不是个例。

不可否认，交友、购物、休闲、娱乐……网络使人们的生活变得更加便捷，让地球变成了一个村落，但同时也成了某些人寻求刺激的场所。尤其是一些网络游戏，竟然成了很多青少年无聊时的寄托和无法面对的诱惑。

据中国互联网信息中心统计，目前我国18岁以下的网民已超过2300多万，这些年轻的网民正是网络成瘾的高发人群。他们有的冷漠、仇视周围同学甚至自己的亲人；有的昼夜上网以至屡屡逃学或者离家出走四处流浪；有的呢，沉迷于网络游戏不能自拔，又因为没钱上网就去偷、去抢，甚至伤害他人的生命健康而走上违法犯罪的道路。

造成沉迷网络的原因是多方面的。有的学生因为年龄尚小，分辨是非能力不强、自制力缺乏，会陷在游戏里不能自拔；有的学生因为父母忙于工作，疏于及时沟通，就在虚拟的网络里寻求心理安慰和寄托；有的父母只以成绩来评价孩子，有些成绩太差的学生就产生逃避现实的想法，网络就成了他们打发时光甚至是找到自信的场所……沉迷于网络，不但会严重浪费宝贵的学习时间、荒废学业，还会对身体和心灵造成很大的损害，有的损害甚至是无法挽回的。

我曾经看到一个视频，视频当中的事情是我们非常不愿意看到的，但是真实地发生了：两个花季少年，一个走上了违法犯罪的深渊，一个选择了以轻率的方式离开了人世。而造成这样结果的一个重要原因就是：他们都深受某些网络游戏中崇尚暴力、漠视生命等不健康内容的影响。

所以，在日常生活中，家长和教师要注意通过正确引导，加强对孩子的网络安全教育，让孩子增强网络道德意识，并提高自我防范意识，尽量减少网络带来的负面影响。具体说，首先，做家长的要积极承担监护责任，生活中不但要关心孩子的饮食起居，还要细心关注孩子的情感、不断观察孩子的情绪变化，并及时进行交流沟通，把问题扼杀在萌芽之中。而且，家长一定要注意自己的言行不能过激，不能动不动就给孩子贴上一些“就知道玩”“没出息”“没救了”等负面标签，更不能采用极端的方式打骂孩子，以避免把孩子逼进寄情于网络游戏的角落。有的家长严格控制孩子上网时间是可以的，但事前要跟孩子订立一个君子协议，让孩子明确知道家长的底线：可以偶尔了解一下网络游戏，但坚决不能无限制上网，沉迷于游戏就更不允许了。

其次，网络是把双刃剑，互联网带给人们大量信息，拓宽了大家交往的渠道，甚至有可能把人们的交往范围扩大到全世界。但是，网络的虚拟化会使人的法律意识和道德意识弱化。作为学生，生活中要擦亮眼睛、分清是非善恶，要克服猎奇和盲目从众心理，提高自制力，在心中筑起一道抵制网络不良诱惑的坚固长城。同时还要树立明确的学习目标，专心致志地努力提高素质，让自己的生活充实而有意义。

如果像郭啸天这样已经沉迷于网络，必须根据实际情况立即采取措施，让自己走出网络泥潭，比如，可以采取自我暗示法。当有了玩游戏的念头时，心中默念“不可以”，或做深呼吸，甚至用橡皮筋弹击自己的手腕等。

可以采取转移注意力法。当产生玩游戏的念头时，去书店看书、到球场和同学打球、和同伴看一场电影，甚至做一些游戏之类的活动等，以转移注意力。

可以请人监督。请父母或者好朋友及时提醒和监督，授权他们可以采取“减少零花钱”、给朋友买一本书、请同学看一场电影等惩罚措施。

总之，青少年在成长过程中必然会有痛苦，但是一旦遭遇诱惑而犯下错，不能逃避，也无法回避，悬崖勒马是唯一的选择。

请远离不良网络游戏！

出现考试焦虑怎么办?

青春故事

童非凡：再过一个星期，就要期末考试了。这次考试成绩，直接决定着我在假期里能否到美国游学。可是，我发现自己的身体好像出了问题，白天胃难受，晚上睡不着，这种症状已经持续三天了，这让我感到有些恐慌。

我知道，自己可能是太在乎这次考试了，也一次又一次暗暗对自己说：不必紧张，凭自己的实力和努力，只要题目不是太偏太怪，考个年级前五应该不成问题。

但是，老师说这次考试用的是外地试题，可能我们对试题思路会不熟悉。而且，考试期间我有可能排在最前面，被监考老师虎视眈眈地注视着，我会更加紧张，可能就无法安心答卷。万一出现意外状况，本来掌握的知识也许会瞬间遗忘。

一想到这些，我感觉自己更紧张了。课堂复习的时候，看到大家都在聚精会神地大声背诵着，我就越发惊慌，就更加难以集中精力投入复习。人家复习得很好，我原地踏步就会落后，这是不争的事实。晚上继续失眠，我躺在床上一会儿数数一会儿数羊，都不管用。妈妈发现了我的状况，一会儿给我煮牛奶，一会儿给我打热水洗脚，忙得团团转。这让我更加紧张，竟然还出现消化不良、拉肚子的症状。

妈妈反复劝我说：“只要你好好复习，考个年级前五名是没有问题的。要相信自己的实力，这么一次考试你就紧张成这样，那中考、高考的时候怎么办？不要想太多了，我又没要求你考年级第一！”

妈妈的话言不由衷！我清楚地记得，小学时有一次考试我粗心大意，忘记了一道数学题，结果丢掉了保持多年的年级第一。妈妈开完家长会一看到我就大发雷霆，当着几个同学的面，劈头盖脸地臭骂了我一顿，说我骄傲自大、咎由自取，当时我恨不得找个地缝儿就钻进去。

妈妈为我制定的目标是考上清华大学，去年还专门带我去考察了呢。连一次期末考试都搞不定，我考清华岂不是笑话！

仪老师，我该怎么办哪！

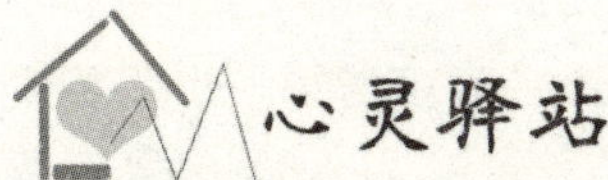

心灵驿站

仪老师：从童非凡的诉说来看，他出现轻度考试焦虑了。据资料显示，有人对96名教师和1022名中学生及家长进行过问卷调查，调查结果发现，51.3%的学生一提到考试就精神紧张，54.6%的学生做过考试成绩不好的梦，有近1/3的学生睡觉不踏实，上课注意力不集中，考前吃不好饭等。目前，生活中也常有这样的学生，平时学习成绩很好，但一旦考试临近，就心跳加速、身体不舒服、失眠、注意力难以集中。有的到了考场就大脑一片空白，做题粗心大意，甚至答非所问。这是典型的考前焦虑症状。

考试焦虑是在一定的应试情境激发下，受个体认知评价能力、人格倾向与其他身心因素制约而产生的一种以担忧为基本特征、以防御或逃避的行为方式、通过不同程度的情绪反应所表现出来的一种心理状态。

考试焦虑的症状主要表现有：情绪容易激动、精神紧张、莫名担忧、烦躁不安，甚至心跳加速、肌肉紧张等；出现视听困难，感受性降低，甚至把试题要求看错等；注意力不集中；平时熟悉的东西考试时却回忆不起来，但一出考场又想起；思维迟钝、混乱，不能正常分析、归纳、判断、推理，本来能做的题目也做不出来，等等。

考试焦虑对学生实际学习能力的发挥有重要影响，适度的考试焦虑令人精神集中、对学习有促进作用，过度的考试焦虑就会分散学生注意力，瓦解思维进程，影响听课和复习，妨碍考试时正常水平的发挥，对学生成绩产生消极影响。考试焦虑症还可能影响人的身心健康，对神经、心血管、消化、呼吸以及内分泌系统产生影响，导致精神衰竭、胃溃疡等疾病；影响正常认知功能的发挥，对人的评价缺乏客观标准，同时情绪变得不稳定，自制力下降，社会适应能力下降等。

造成考试焦虑的因素有很多：有的家长望子成龙望女成凤、对孩子的期望值过高，过分关注考试成绩；有的学校仅仅以考试成绩评价学生的好坏，大搞题海战；有的学生存在错误的考试观念，觉得自己"应该考第一""必须考好"等；有的学生太在乎他人对自己的评价，认为"一定要考好，万一考砸了，就会被人瞧不起"；有的学生不自信，一次考不好，就觉得自己是一个失败者；有的学生平时没有努力学习，掌握知识不牢固；有的学生考前过度疲劳、睡眠不足等。尤其是有些家长，为了陪伴孩子考试，专门请假在家做饭、接送，考完一科就问孩子感觉如何，这无形中会给孩子增添压力、加剧焦虑。

另外，受遗传因素影响，神经系统比较脆弱的人，对刺激环境极易产生紧张反应，容易出现考试焦虑。

那么，如果出现考试焦虑，应该怎么办呢？

首先，从家长和老师方面来看，中学生对自我的认识经常是模糊而摇摆的，他们的目标不仅仅源自内心的期望，还受家长、老师、社会等外在因素的制约。所以，家长要降低期望值。父母对子女的期望值过高，无形中会增加孩子的考试焦虑。一些学校为了追求升学率，几天一大考，每天一小考，一味地追求高分数、排名次，也会使一些学生终日陷于考试焦虑的苦恼之中。有些学生非常在乎教师对他的考试成绩评估，所以教师对学生要多鼓励、多赞扬，保护学生的自尊心，培养他们的自信心，可以减少考试焦虑。

而对学生来说，第一，要矫正错误的考试观念，这是正确对待考试的前提和关键。第二，一般来说，平时学习努力，基本功扎实，复习全面，准备充分的学生，自然会信心十足，考场上也会情绪稳定，所以平时要注意知识的积累和巩固，不临时抱佛脚、熬夜突击复习，养成良好的学习习惯，做到从容应考。第三，要训练自己的应试技能。研究表明，了解考试题型，掌握解题思路、答题要点、答题顺序的学生，在考场上大多沉着冷静，时间分配合理，答题井然有序。第四，如果出现焦虑萌芽，可以用以下方法进行调节：

呼吸调节法：闭上眼睛，匀速慢慢地吸气，然后再慢慢地呼气，呼气时把注意力集中于一点，慢慢地放松。

自我暗示法：反复运用一些具有激励性的语言进行自我暗示，就容易鼓舞自己的斗志，稳定自己的情绪，对于克服考试焦虑大有好处。但需要注意的是，应选用那些简短、具体、直接、肯定的语言，例如默念“我行我一定行”，而不要用否定词，如“我不会紧张，我不能发抖”，否则不但没有正面效果，反而会使人越来越紧张。

心理释放法：把自己的担忧、焦虑倾诉给自己的好友、父母等，获得别人的理解，从而减轻担忧和焦虑。

转移注意力法：看看书、打打球、唱唱歌、聊聊天等。

穴位放松法：按压内关穴放松。内关穴在手腕的第一条褶皱处，有两条静脉交叉的位置，找到这个位置以后，用另外一只手的大拇指轻轻挤压一分钟左右，可以根据实际情况适当延长，然后换一只手。

鸣天鼓方法：用两手肘部支起头，两手手掌心捂住耳朵，两眼微闭，头部低垂，然后用两手中间的指头轻敲枕骨，连续敲击 30 下左右。

考试焦虑是多种因素相互作用的结果，要降低考试焦虑，学生、家长、老师必须齐心协力，降低期望值、淡化分数的评价作用、重视心理指导、加强心理监控，这样才能让学生保持正常的心理状态参加考试并发挥出最佳水平。

厉害了！“色哥”

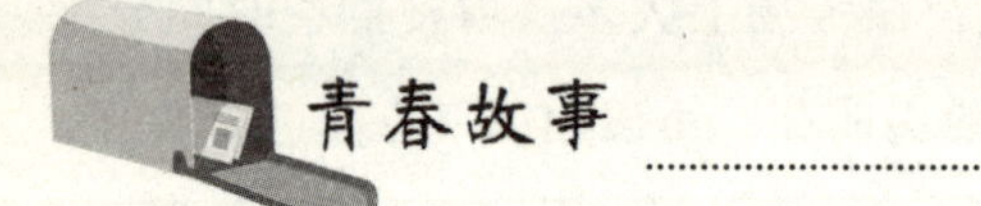

青春故事

黄振龙：上语文课的时候，大家都在认真预习，我的同桌齐爱杰却一直低头看着桌洞里的什么。

没错，他正如饥似渴地看“书”呢！

语文老师发现了，她慢慢走过来，用眼神示意他把书放下。齐爱杰立即乖乖地把书推到桌洞里，然后快速翻开了课本。

对于爱看书的学生，语文老师似乎情有独钟。她说：“书中自有黄金屋，书中自有颜如玉。”有时你纠结了好长时间的事情，说不定通过看书几分钟就能搞定。所以，她鼓励我们课余时间多看书。至于课堂上看课外书的行径，老师认为：一定是书的魅力不可抵挡，或者是没有重视她的课堂。这也让某些同学上语文课时有恃无恐，齐爱杰就是最明显的一个。他告诉过我，今天他看的书是从地摊儿上买的，带着浓烈的“黄”“黑”色。课前我也翻过了，不但书的题目让人心惊肉跳，而且有些文字描述也是不堪入目，我估计老师看了一定会怒火中烧。

趁着老师转过身去，齐爱杰又迫不及待地翻开了桌洞里的“书”。可是，他万万没有想到的是，老师的脑袋后面就像长了眼睛似的，又立即转身来了一个回马枪，然后微笑着没收了齐爱杰的书。

果然不出所料，老师看了看穿衣极少的美女封面，严厉地看了齐爱杰一眼，然后严肃地说："课后到我办公室一趟！"

看来，老师要跟齐爱杰好好谈谈了。

不知道为什么，最近班里同学似乎对带"色"的书很感兴趣，有人去个体书屋花钱租，有人从早市上的书摊儿买，然后互相传阅。我觉得这可能源于齐爱杰的一次恶作剧。一天，有人发现在班级QQ群里有一个黄色视频链接，就报告了班主任。班主任一查，原来是齐爱杰从自家电脑上发现的，觉得好玩，就传到了QQ群里。这件事掀起了轩然大波，不但齐爱杰遭到班主任的严厉批评，就连他的家长也被叫到学校谈了话。从那以后，私下里，齐爱杰就被大家冠以"色哥"的"美名"了。

本以为这件事会让齐爱杰吸取教训，没想到，这个"色哥"竟然另辟蹊径看起了黄色小说。难道，他想让自己永远戴着"色哥"的帽子吗？那可真是太"厉害"了！

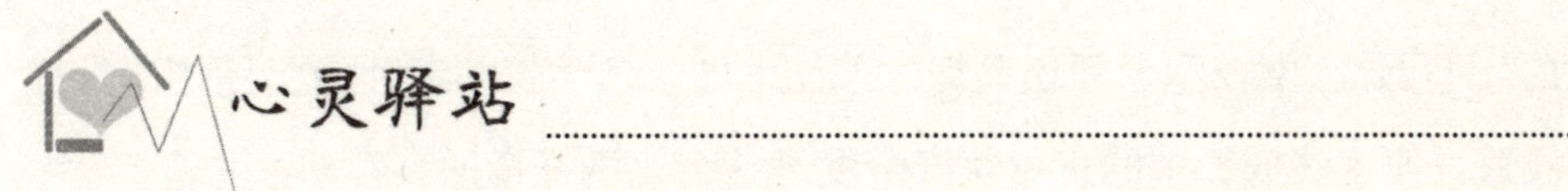

仪老师：据了解，像齐爱杰这样的行为不是个别现象。目前，部分图书报刊、音像制品中充斥着黄色淫秽、灰色心态、黑色暴力等不良信息，被称为文化市场的"三色"污染。这些不良信息容易诱导好奇心强、自制力弱、抵御诱惑能力不足的青少年误入歧途，甚至走上违法犯罪道路。

初中生正处于成长阶段，伴随着生理的渐渐发育成熟，对性的问题会充满好奇。如果学校和家庭对此讳莫如深、闭口不谈，无形中会给这些问题罩上一层神秘的面纱，加剧学生强烈的求知欲，以至于会偷偷地通过书刊、影视等各种途径寻找答案。再加上一些利欲熏心的不法书贩的推波助澜，"黄色"书刊一定程度上成为迎合学生需求的糖衣炮弹。

初中生处于认知发展阶段，最初可能只是出于好奇，或是在无意间有所接触，但因为判断力和抵抗力都存在不足，一旦接触黄色信息就可能无法收拾、不能自拔。“黄色”污染的刺激，常常激发学生产生模仿和尝试的愿望，或者整日沉溺于色情读物和各种想象之中，精神萎靡、无心学习。“黄色”污染不仅会毁掉青少年的大好前程，更重要的是还有可能会唆使他们走向犯罪的道路。现在，社会上青少年暴力以及性侵犯案件时有发生就是例证。

所以，政府监管部门一定要加大监管和查处力度，杜绝此类报纸杂志、音像制品等生产和流入市场，切断学生受害之源。

目前，中小学所开设的科目比较全面，生物课、道德与法治课等，都不同程度地讲述了有关性的问题，老师引导学生认真学习即可。有学校请相关人士对男生女生开展针对性讲座，也是不错的办法。但是，在实际生活中，由于部分教师和学生对有关“性知识”的问题不敢触及甚至有意避开，使本来简单的问题复杂化了。于是，那些深藏于学生内心的关于“性”的问题，学生就只好自己估摸着“解决”了，这种情况下，“三色”书刊的作用就得以凸显。所以，要更好地引导并帮助青少年及时了解、正确对待那些有关“性”的问题，学校和老师还要加大关注力度，把学校和老师的引导作用发挥到极致，使这些成长中的青少年安全度过这个充满好奇的青春期。

现在，虽然有的家长和老师还在采取各种措施制造各种框框，极力让学生循规蹈矩，但大家也几乎达成共识：要以人为本，引导学生“学会思想”和实现“自我发展”。所以，对于齐爱杰这样的喜欢偷看“黄色”书刊的孩子，老师发现后不宜大张旗鼓地公开处理，秘密处理既能保护孩子的自尊，也更有利于问题的解决。然而，遗憾的是，在实际生活中，个别家长或老师的做法可能会背道而驰。某些“严格”的教师和粗暴的家长，不分场合公开真相或者当众大声训斥孩子，不但不能从根本上解决问题，而且还会给犯错孩子的心理增添压力，对孩子的负面影响也可能是终生的。

其实，“黄色”书刊和录像中所宣扬的往往是一些淫秽、变态的观念和行为。它利用人们对一些问题的无知和好奇，大肆渲染和过分夸张某些正常人的行为和情景，会让人不知不觉地受到伤害。一些成年人都深受其害，何况是缺乏控制力的青少年学生呢？所以，对青少年来说，正确把握好奇心，能更好地抵制“黄色”书刊的不良诱惑。不可否认，有强烈的好奇心是青少年普遍存在的共同特点，对于那些他们没有看到过、没有亲身体验过的新生事物，在好奇心的驱使之下，他们就会产生跃跃欲试的愿望。好奇心可以激发他们不断学习和积极探索的兴趣，增强创新意识、提高创新实践的能力，也可能把他们引上罪恶的歧途。所以，青少年在学习、生活中，一定要发挥好奇心的积极作用，防止受到消极影响，对这些“黄色”书刊避而远之。生活中，还要积极参加学校组织的各种有益的活动，在课外培养各种高雅情趣，不断提高自己抵御各种诱惑的能力。

另外，如果发现自己看“黄色”书籍成瘾并持续较长时间，影响了学习和生活，要积极寻求老师、家长或者心理咨询师的帮助，同时用转移注意力、加强体育锻炼等方法，避免让自己误入歧途。

“独行侠”的心里有堵墙

青春故事

佟晓威： 好吧，我承认，正如甄老师所言：我是一个与老师和同学总是保持一定距离的“独行侠”，喜欢独来独往。

我之所以这样，源于小学时的一次意外受伤。读小学五年级时的一次体育课上，几个男生互相玩闹推搡，我被推倒并摔在水泥地上，胳膊擦破了皮。当时体育老师不在场，有同学就赶紧去告诉班主任贾老师。不一会儿，那同学就回来说，贾老师断定我是装的，叫大家不理会就是了。

中午回到家里吃饭时，妈妈发现我拿东西时胳膊有点怪异，就问了问情况，然后带我去医院做了拍片检查，结果诊断为骨折。

医生处理了我的伤，建议我在家休息。爸爸很生气，就拿着片子到学校找贾老师说理。当时贾老师的态度很强硬，说自己又不是医生，不可能判断出伤情。老师的冷漠回应让爸爸很不满意，情急之下，他也说了一些要到教育局投诉等过激的话。其实，爸爸只是想发泄一下情绪而已，我在学校里上学，他根本就不想把事情闹大。

一个月后我回到学校，赫然发现自己的课桌上被人用彩笔写着诸如“你是蛇”“赶快滚”之类的话，桌洞里也有好多辱骂我的小纸条。几个要好的同学还告诉我，贾老师在班上说我爸爸要到教育局去投诉她，那样的话她就不能当这个班的班主任了，同学们听后都义愤填膺地要赶我走。我也发现，很多同学确实与我疏远了。而且，贾老师开班会时，当着我的面又提起爸爸要投诉她的事，还详细讲了农夫和蛇的故事。当时，全班同学的目光齐刷刷地投向我，我感到自己真的是无地自容了。

从那以后，我觉得老师挺可怕的，再也不愿意和老师交流交往了，对老师的言行也非常厌烦和抵触。我变得沉默寡言，不再和同学打打闹闹，对别人的评价也十分敏感。同时我也发现，很多同学和我疏远了，我变得格格不入，异常孤单。

仪老师，你说说看，我当一个自由自在的“独行侠”不好吗？

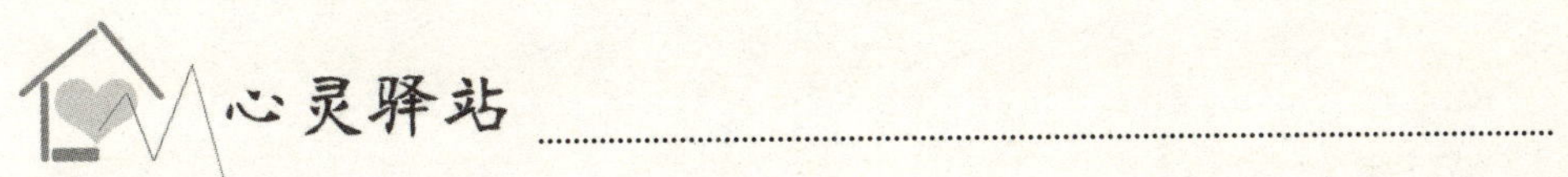

仪老师：我理解佟晓威，同学写纸条骂他还让他“滚”，他感到伤心和不安。我觉得这件事对他真的产生影响了，让他在自己与“老师”这个角色之间砌了一堵矮墙，表面上看可以互相观望，但内心其实已经相互遮挡。步入初中以后，虽然换了老师，但他已经习惯了躲在这堵墙的后面，拒绝被了解也拒绝了解别人，与人交往时心存戒备，成了“独行侠”，说明他已经出现了闭锁心理的趋势。

闭锁心理是青少年发育过程中一种阶段性的心理现象。步入青春期后，一些青少年喜欢把自己封闭起来，拒绝与他人沟通，心事也不外露；自尊心强，内心脆弱，怕别人瞧不起，又苛求温暖的友情等。这种情况下，不但难以融入课堂，而且难以正确处理人际关系。如果任其发展下去，容易形成自我封闭、自我孤立的性格，身心难以健康成长。

据资料显示，如果学生与老师关系融洽，与同学亲密无间，闭锁心理的表现就不明显。如果与老师关系紧张，就会产生情绪对抗，闭锁心理就比较突出。所以，一旦发现有学生出现闭锁心理的现象，家长和老师一定要主动关心、耐心引导，以宽容之心对待他，帮助他推倒心墙、敞开心扉，坦然面对与老师和同学的矛盾，积极主动与老师和同学交流交往。

作为有闭锁心理倾向的学生来说，就像佟晓威那样在心里砌一堵墙，不与老师和同学交往，这是不可取的。生活中遇到挫折是正常的，只有勇敢面对、树立信心、主动开放自我，才能把问题解决。只要自己能主动打开心扉，积极地融入班集体中去，一定会发现很多美好的东西并感受到生活的快乐。除此之外，佟晓威平时还要积极参加体育活动，及时疏泄不良情绪，或者通过其他方式转移自己的注意力，杜绝自我封闭，让自己更充实。

我相信，即使是因为各种原因出现闭锁心理，只要积极主动地与人交往，推倒心墙，打开心灵之窗，你就会发现生活更加美好更加精彩的模样。

我是有个性的“辫子男”

李果范：据说，初中新生入学后的第一天，细心的王老师就发现：在众多或兴奋或迷茫的孩子中间，有一位虎头虎脑的高个子男生，脑袋后面扎着一条细长的小辫子，很是扎眼。

没错！这位留着小辫子的个性男就是我李果范！我这小辫子已经留了很多年。最初，奶奶说这辫子能给我带来好运气，保佑我顺顺利利不生病。后来我却发现，这根长长的小辫子可以成为吸引眼球的秘密武器，只要我一转身，一定会立刻引起大家的关注。讲真，我很喜欢这种被关注的感觉，觉得这根小辫子也是我个性十足的表现。

我头顶小辫子在校园里晃荡了没几天，班主任王老师就把我叫到办公室，说：“我发现你做事认真，与人沟通能力比较强，所以，我决定交给你一项光荣而艰巨的任务。你愿意接受吗?”

“当然愿意！”我毫不犹豫地回答，同时心里很是疑惑，老师会安排给我什么光荣而艰巨的任务呢?

王老师继续说：“我的眼光没错！我猜你一定会满口答应。这样吧，你利用课余时间，到初一年级每一个班调查统计一下，看看有多少同学穿奇装异服、留奇特发型。”

“好的，保证完成任务！”说完我就蹦蹦跳跳地离开了。

在接下来的课间、课外活动时间，稍微留意就会发现我这个留着长辫子的男孩忙碌的身影。我一脸认真地东瞅瞅西看看，然后在自己的小本子上做着记录。偶尔，王老师会问问我任务的进展，然后给予我肯定和鼓励。

三个星期后，我把调查报告交给了王老师。报告写得很详细，女生、男生穿奇装异服和留奇特发型的人数清清楚楚。我还通过网络查找等渠道，提出了很多我自认为具体可行的整改措施。

此外，在调查过程中我发现：男生中留着小辫子的，仅有我一人，而且上网调查的时候我也发现，男生留小辫子并非是真正有个性的表现，所以我就说服奶奶，把自己的小辫子剪掉了。

王老师浏览了一下报告，立即给予高度肯定，他还惊讶地说：“咦，你把小辫子剪掉了？”

我不好意思地点点头。王老师则十分开心地嘱咐我，要一如既往地保持善于观察、见微知著等优良品质。

我满口答应了，连忙说自己准备再调查一下学校存在的安全隐患，并简单地说明了自己的调查计划。

王老师很开心地笑了，他还伸出大拇指为我点赞呢！

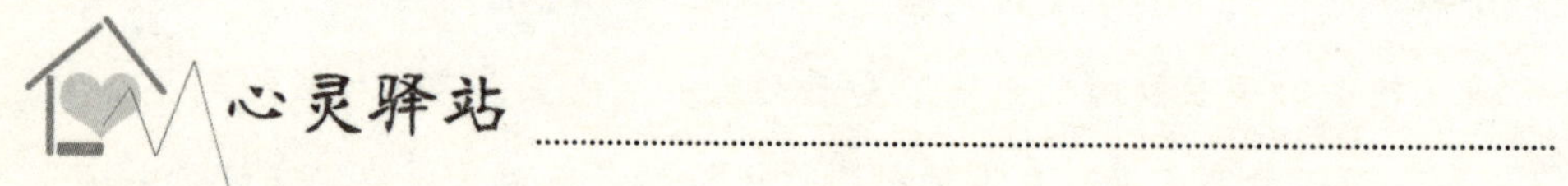

仪老师：教育有方，教育无痕。我由衷地佩服王老师的做法。当发现李果范留着奇特的小辫子的时候，没有立刻对他进行批评，更没有强令他立即剪掉。王老师可能知道，家长允许男孩留着长长的小辫子，一定事出有因，可能有什么重要寄托在里面，强硬要求他剪掉可能会挑起事端。王老师让李果范在调查中自我醒悟并主动剪掉小辫子，这种睿智的做法既让问题得到了解决，又真正达到了育人效果。

我做教师二十几年，几乎每一届学生里面都有几个很有个性的孩子出现。

尤其是近几年，让学生张扬个性的呼声比较高，有的学生认为自己留着特殊的发型、穿一件奇装异服就能彰显个性。而在大家眼里，这些有个性的孩子却常常成为异类，怎么引导这些个性学生也让老师们倍感头疼。

其实，“个性”的内涵非常丰富，心理学家们对个性的看法也不尽相同。个性是个人的一种特殊的外在表现，可以通过言行、穿着等来表达，但最能区别与众不同的，是人们的做事态度、解决问题的方式、敢于承担责任的意识等。所以，中学生要做独特的自己，不是留个发型、穿件衣服那么简单，最重要的还是要培养自己的阳光心态、不断提高自己的综合素质。

青春期孩子的个性既有稳定性又有可塑性。有的活泼开朗，有的不善言谈。但随着年龄的增长和经历的不同，个性也会发生某种程度的改变，但是这个改变会比较缓慢，不可能立竿见影。所以老师要对班里那些暂时有个性缺陷的孩子持以宽容态度，对他们多一些耐心和信心，引领他们真正懂得自己的个性所在。

自古英雄出少年。最能影响一个人的个性的是青少年时期，而对青少年的个性最有影响力的是父母。所以，在孩子成长的黄金阶段，父母也一定要重视自己的言行，发型、服装等不标新立异，为人处世等不特立独行，让自己真正对孩子起到潜移默化的引领作用。

暑假你要“赶场”吗?

青春故事

刘惜诚：暑假开始啦！朋友圈很快就晒出各种照片：有登山远眺的，有下海戏水的，有回老家体验生活的，有到社会福利院奉献爱心的……而我，则无可奈何地开始了“赶场”生活。

“赶场”的导火索是我期末考试考砸了！不但总成绩飞速下降，就连多年的数学优势也不保了。讲评试卷时我才发现，就在试卷的最后一面还有一道16分的大题，考试时我竟然没看见！

家长会后，妈妈一脸忧郁地看着我，漂亮的双眼泪光闪闪。

拜托，您不要这样可怜兮兮的好吗？我在心里大声说。

“你怎么能考出这样的成绩呢？真让我失望！初一刚结束就跑出了班级前十名，到了初二又会怎样？还说要考清华北大呢，就你这样的成绩，不要说门，连窗户都没有！”刚刚年过四十的妈妈絮叨着，与以前那个温文尔雅的律师简直判若两人。

“这个暑假你就别玩了，去清华北大的计划取消，抓紧时间补课吧！”妈妈又斩钉截铁地说，就仿佛是万不得已下了很大决心似的。

唉……至于吗？我不就是这一次考砸了吗？一次成绩就决定终生了？我在心里激烈地抗议着，同时非常后悔考试前把过多精力放在参加学校的篮球、演讲、征文比赛等各种活动。

事实证明非常“至于”，妈妈毅然开始行动了。放假后的第三天，她就拿着一摞课程表给我看，一张两张三张……上午数学、地理，下午英语、生物，一连二十天的补习班！

我一声不吭地瞪着眼，表达自己的不情愿。妈妈却不以为然，说：“赶紧补课吧，越拉越大就麻烦了！基础打不好，别说考清华北大，连个满意的高中你都考不上！”

“什么越拉越大？我不就是因为参加活动太多没有认真复习吗？不就是因为粗心大意落下一道大题没做吗？吃一堑长一智，我保证以后不再犯同样的错。”我小声辩解着。

保证不管用。妈妈又拿出缴费单据，说：“看看，本来准备去北京旅游的钱，现在用来报补习班，钱已经交了，人家培训机构的负责人说了概不退还，你看着办！”

我愁眉苦脸地看着缴费单，沮丧不已。但是没有办法，这位焦虑的女士是我的妈妈，是我考砸了她才方寸大乱的。

我的“赶场”生活开始了。亲，有像我一样要“赶场”的吗？亲爱的清华北大，这个暑假我还能近距离与你们接触吗？

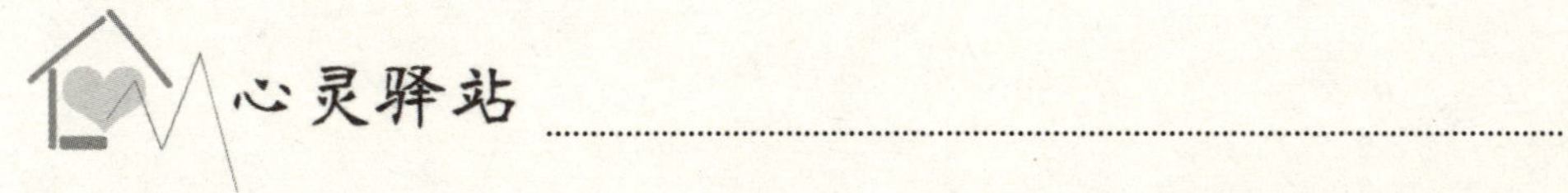

仪老师：临近暑假，各种补习班的广告铺天盖地，这说明确实有很多需求者。其实，暑假不仅是让学生休息，还是另外一种学习形式。外出旅游或者参与适量的社会实践活动，可以让学生观察社会、体验民情，同时把课本上的知识学以致用，在体验感悟中激发情感，从而更加热爱生活、珍爱生命。

因为假期较长，找个合适的场所，让孩子培养特长、预习功课或者根据需要查漏补缺也未尝不可。但是要适度，长时间补课，会让孩子失去学习的积极性和主动性，达不到理想的效果。惜诚妈妈大可不必这样惊慌失措，一次考试失利，对孩子来说是教训也是收获，适当提醒他以后注意就可以了。

没有谁会对你的未来负责，除了你自己。刘惜诚也要好好反思一下自己，是不是只顾风风火火地参加学校的那些活动，而忽视了对所学知识的及时巩固和复习呢？积极参加各种活动固然不错，但也要根据自己的实际情况有选择地进行，而且，一定要处理好参加活动和学好知识的关系，不能顾此失彼。因为参加活动而牺牲了学习成绩，那就失去了参加活动提升能力的意义。

不过，刘惜诚的事也说明一个不能回避的现实问题：有些学校安排活动没有计划性，不会统筹安排，部门各自为政，打着各种旗号接二连三地举办各种活动，使学生一直处于兴奋状态，容易心浮气躁，难以静心学习，以至于很多优秀学生也没考出满意的成绩，只能依靠假期补课，这也让家长们怨声载道、叫苦不迭。

有张有弛乃文武之道。学校适时举办集体活动，能调节生活、增强凝聚力和责任感等，但应尊重学生的认知规律和心理特点，那些只要热闹的效果、拍几张照片作为工作成果，而无视学生好奇心强、自控力弱等天性，把学生当作带开关的机器人的做法是不可取的，这样的学校无形中也成了让学生不得不在假期“赶场”的推手，这是与教育初衷背道而驰的。

请叫我“熊厌学”

熊延学：没错！我厌学了！虽然我没有像有的人那样，一进学校大门就“肚子疼”“头疼”甚至“呕吐”，但是，课堂上我的注意力非常不集中，不愿意看书，不愿意回答问题……与学习有关的一切，我一律拒绝！

初二之前的我是以“神童”著称的。学外语、弹钢琴、打篮球等，我不是样样精通，但都是出类拔萃。父母都是名牌大学毕业，很重视对我的教育，我读的据说是全市最好的幼儿园，然后是很多人可望而不可即的贵族小学和初中。记忆中，只要取得了好成绩，妈妈就立即给我奖励：平板电脑、越野自行车等，都是最先进最时髦的。当时拿到礼物我会很高兴，可是现在，即便妈妈许诺只要我考了年级前三名就带我去欧洲旅游，我也不为所动。

虽然妈妈并没有宠溺我，也没有养成我骄纵的性格，我也很理解父母望子成龙的心情，但是，升入初中以后，我开始厌倦了这种“充实”的生活。我更加渴望父母别总是盯着我的成绩，而是周末给予我更多的自由时间。可是，这根本就不可能。初一时，虽然班里高手如林，但经过努力，我的学习成绩虽然不如小学时优异，但还算可以。初二开始以后，不知道为什么，我发现自己再也找不到学习的任何乐趣了。上课开始走神，有时头脑一片空白，有时天马行空不知想什么，学习成绩直线下滑，老师们轮番找我谈话，都对我的表现表示意外和震惊。

但是，对此我无动于衷。我依然不听讲、不完成作业，考试时干脆什么也不写。对了，你相信吗？我最近一次数学考试的成绩是6分，试卷几乎全空着。

爸爸着急了，一遍一遍地质问我：“你怎么搞的，成绩这么差！”妈妈更是咬牙切齿地说：“再这样下去，你就完了！就完了！”

对于父母的惊慌和愤怒，我一直以沉默回应。但是，我在心里大声地说：我就是完了！你们能怎么着呢？

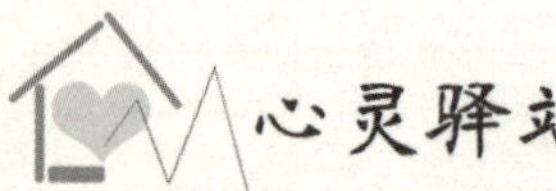

心灵驿站

仪老师： 延学说得没错，他的确是产生厌学心理了。厌学心理是对学习产生厌倦乃至厌恶、从而逃避的一种心态。它的产生与发展，直接影响学习成绩，如果持续时间长，还可能会危害学生的身心健康。

心理专家分析指出，没有天生不爱学习的孩子，因为求知欲是每个人的本性，孩子也是一样。但有调查发现，真正对学习持积极态度的仅有21%。厌学现象多发于12～18岁的青少年，随着自主意识的增强，他们不再对父母和老师怀有恐惧和顺从心理，不再掩饰不愿意学习的态度和想法。

当孩子出现厌学萌芽时，家长不能一味责备，更不能动辄打骂，而要花时间和精力找到孩子厌学的原因，然后有的放矢地帮助孩子克服厌学心理。

学生厌学的原因是多方面的：父母对孩子的期望值过高，过分看重成绩，使得孩子的心理压力过大，精神过度紧张和疲劳；学校规定的学习进度过快、难度要求过高，作业过多，学习负担过重；不适应新环境或新老师的授课方式，老师素质不高，性格独断专行；没找到适合自己的学习方法，不会劳逸结合；同学之间竞争压力大，人际关系差；遭遇父母离异等重大生活打击；面临中考或者高考的压力，等等。当超过心理承受底线时，孩子就会产生厌学情绪。

针对这些情况，家长要降低期望值，对孩子的学习能力有一个正确的判断和认识，少批评、多鼓励；充分信任孩子，激发他（她）的自觉性和主动性；帮助孩子制定触手可及的小目标，让他享受阶段性成功的喜悦，增强自信心；少物质刺激、多精神鼓励，可从兴趣和理想等方面引导孩子。研究表明，对初中孩子来说，物化鼓励会淡化真正的学习动力。同时，父母要多关注孩子的心理变化，及时帮助他（她）疏导不良情绪，避免“积劳成疾”。

因为青少年情绪波动大、自我控制力差，如果出现厌学情绪，家长要循序渐进疏导，不可急于求成，避免孩子冲动干傻事。当孩子出现严重的厌学症状时，可以寻求心理咨询专家的帮助，让孩子早日摆脱厌学的痛苦。

点个外卖有罪吗

青春故事

宋倩倩：天高云淡，秋高气爽，适合登山远眺。经过精心筹备，我们初一年级的所有学生终于开始了第一次集体出游。大家分坐在12辆高大舒适的大巴车里，一列纵队浩浩荡荡地前往目的地。我们就如同放飞的小鸟，一路上叽叽喳喳不知疲倦。

行程近四个小时以后，我们顺利到达目的地A山。简单地吃了自带的午餐，带队老师一声令下，大家开始结伴登山。虽然台阶越来越陡，我们的头上开始冒汗，但是大家一边游玩一边聊天，互相照应又你追我赶，真的是累并快乐着。

就这样，大家三三两两、气喘吁吁、汗流浃背地上山下山，然后，根据导游的安排，我们又乘车来到一个灯火辉煌的广场。

“在这里吃晚饭吗?”大家议论纷纷，都期待着享受一顿丰盛的大餐。我们跟着导游，绕过霓虹闪烁的高楼，路过富丽堂皇的大厦，来到一个有巨大玻璃窗的地下展厅，这是一个由停车场改装的大排档，饭菜已经摆好了。

与地面上富丽堂皇的建筑极不相称，地下大排档的饭菜实在是不敢恭维。尽管这样，大家仍然是手起筷落，一阵风卷残云之后，我依然觉得肚子在“咕咕”叫着。

饭后，我们乘车兜兜转转来到住宿的酒店，导游分派好房间。可能是第一次集体住宾馆，大家似乎兴奋不已。当然，一样兴奋不已的还有我们的肚子。

来到房间，我把鞋子一脱就躺在床上了，同屋的袁婷婷愁眉苦脸地望着我，说："咱叫外卖怎么样？"

"好主意！"我一跃而起，马上和她一起用手机浏览网页，水饺、比萨，付款，瞬间搞定。我俩打开电视机，哼着小曲儿等待快递小哥的到来。

很快，陌生电话就打过来了，是送外卖的。马上就吃到美食了，我俩有点儿激动地穿戴整齐，等待外卖小哥敲门。

忽然，手机又响了，只听外卖小哥说："我在一楼被你老师拦住了，老师让你自己下楼来拿吃的。"

我俩顿时傻眼了。外卖小哥被老师拦住了，我们下去拿吃的，我们叫外卖的事儿不就露馅了吗？出发前老师特别强调要遵守纪律的，怎么办呢？

"坚决不承认！"袁婷婷说："如果咱俩下去拿，就等于承认是咱叫的外卖了，违反了纪律会被扣学分的。"

不承认？就这样与马上到嘴的美食失之交臂？我看着袁婷婷，有些迟疑。

这时候，房间的电话突然响起，袁婷婷和我面面相觑，不知该如何处理。她迟疑了一下，拿起电话，打开了免提。

电话里是班主任的声音："是你叫的外卖吗？赶紧下来拿吧。"

"没有没有！不是不是……"袁婷婷说完，赶紧扣了电话。她立即拨通外卖小哥的手机，说："反正钱已经付了，我们不要这些东西了，你赶紧拿走吧，不能说是我们叫的外卖，否则，我就投诉你啊！"

看着袁婷婷像一个女侠似的在电话里指挥着，我愣在那里不知该做些什么。到嘴的美食捞不着吃是小事儿，如果明天班主任问起这件事，我该怎么交代啊！

心灵驿站

仪老师：爬山很累、晚饭没吃饱，于是想叫外卖，这是可以理解的。但是，两个小女孩，住在外地的宾馆，偷偷地让陌生男人来送外卖，是不是有安全隐患呢？我相信绝大多数外卖小哥都是遵纪守法的，但是不可否认的是，曾经发生过个别外卖小哥为非作歹的事情。

我也曾有过陪学生外出游学的经历。当天晚上，按照导游要求安排好住宿以后，我们负责带队的几个老师要在宾馆的一楼大厅里轮流值班，防止有学生偷偷外出而生发事故。当时，确实有不少学生想单独或者结伴外出，但都被老师们阻拦下来。人生地不熟的，一旦外出迷路或者发生其他意外，这个责任谁来承担？而且，有些伤害，真的不是老师承担了责任之后就能挽回的。宋倩倩的老师肯定也是出于同样的目的，当发现有送外卖的小哥就拦下来问明情况，如果是自己学生预定的，打电话落实后，让学生自己下楼来取。这样，老师眼睁睁监督之下，就杜绝了不安全事件的发生。

所以，我觉得袁婷婷的做法是非常不可取的。当班主任打电话确认时，她坦白承认就可以了，顶多可能被老师批评几句。任何一个老师都不会在那样的情况下让自己的学生继续饿肚子的。坦白承认，既是对自己的行为负责，又可以安全拿到美食。

袁婷婷对班主任撒谎的行为，不但不能解决任何问题，而且还把自己置于尴尬的境地：白白花了钱没吃到美食，还在班主任那里留下了不诚实的印象，真的是得不偿失。因为肚子饿，违规叫外卖是小错，撒谎就是大错，是很不应该的。

如果以后再遇到类似的事，最简单的方法是：把自己没有吃饱饭的事如实告诉老师，让老师帮助自己买到吃的，或者是在老师的监督下网购食物。这样，既保障了安全，又解决了肚子饿的问题，两全其美。你说呢？

第四章　青春的模样

做自己夜空中最亮的星

李小凡：那天，晚上睡觉前舍友告诉我：TFBOYS 要在北京开演唱会了！对我来说，这无疑是一个重磅消息，这意味着只要买到票，我就可以去演唱会现场与偶像同场共鸣了。

我兴奋得一夜没睡！脑海里天马行空想的都是买到票以后的情景：坐什么车去北京、穿什么衣服到现场、是不是带个望远镜，等等。第二天上课的时候，我的心根本就不能安静，在期待与煎熬中度过了十个小时。等班主任一声令下“放学”，我马上赶回家里，鞋子还没来得及换，就立即登录电脑查看。

还好！谢天谢地！网上显示，售票时间还未到。我赶紧给对我百依百顺的爸爸打电话，让他牢牢记住售票时间，力争在我回到学校以后不能上网的时间里，帮我抢票成功！

在接下来的日子里，我的生活里似乎只有一件事：买票。即便是回到学校，我的心也一直在订票页面上窜来窜去。学校规定，在校期间不能带手机，我只好站在宿舍走廊上排队打公用电话，而我打通电话后说的唯一的话就是："老爸，千万别忘了给我买票啊！"

我焦急而兴奋地等待着。在课堂上究竟学习了什么内容，在餐厅里吃了什么饭菜，我几乎无暇顾及了。我只是一遍遍设想着，买到票以后，坐什么车、穿什么衣服去北京。

等啊等啊，购票的时间终于到了，我的心几乎提到了嗓子眼儿，早上一起床就飞奔到宿舍楼下给爸爸打电话。

爸爸似乎吓了一跳，赶紧问我怎么啦。

"票买到了吗？"我气喘吁吁地问。

"很遗憾，等我点开网页，票已经销售一空了。"爸爸无奈地说。

"啊！为什么？"我简直要哭了。到现场体验一下与偶像同场共鸣的希望落空，这沮丧的心情岂止一个"难过"能形容！

但我并不死心，央求爸爸再上网查一查，或许有人转让票呢，哪怕是高价也行啊。爸爸对我言听计从，但他忙碌了一阵子之后，还是一无所获。

我彻底失望了，心情一落万丈，做什么都提不起精神。随之而来的单元检测，我竟然滑出了班级前十名的行列。看看可怜巴巴的成绩单，面对妈妈疑惑的脸，我也只能是呵呵了……

仪老师，你说我该咋办呢？

仪老师： 调查显示，学校中像李小凡这样的追星族比较普遍。其实，中学生心智尚未成熟，容易受到外在因素的影响，追逐和崇拜明星，是从孩童走向成人过程中的正常反应。在他们眼里，明星是快乐的使者、美的化身和成功的典范，很希望自己也能像明星那样拥有五彩的光环和潇洒的人生。而且，在仿效和崇拜明星的过程中，他们不但可以满足心理需求，还可以宣泄情感和张扬个性。

把明星当作偶像本无可厚非，但如果盲目仿效和崇拜偶像则会出现诸多弊病。比如：不顾及家庭经济状况而疯狂购买偶像的画册和音像制品，收集偶像的一切资料，模仿明星的穿着打扮和一言一行，等等。这样盲目崇拜明星和过分沉迷偶像，不但会浪费大量的时间和精力、荒废学业，而且会影响自己的身心健康。

明智的家长都会理性地看待孩子追星，既不一概禁止，也不放任自流。如果孩子仅仅是看看明星演的影视剧、收集明星的资料等，并不影响学习和休息，就不要横加干涉。如果孩子过分迷恋偶像到了疯狂的地步，就要及时干预和制止，让孩子认识到盲目追星的危害性。同时，还要有意识地引导孩子学习明星不懈奋斗、敢于承担、乐于奉献、热心慈善等优良品质，让孩子的生活更有意义，让生命更有价值。

我曾在网上看到一封据说是 TFBOYS 队长王俊凯写给粉丝的信。我无法考证这封信的真实性，但我觉得信的内容还是值得我们肯定的。信中说："第一次的演唱会，我看到台下热情的粉丝，听到丝毫不吝啬的掌声，很激动，很开心。那次的见面会，让我们第一次知道，原来我们是有这么多人支持的，也是第一次对自己说，我能行。没有粉丝就没有今天的 TFBOYS，这句话真的不是开开玩笑，而是一个事实。谢谢你们，让未来不是梦。而我们要做的事便是不让你们失望，让自己配得上你们的付出，努力过后，实现我们的诺言，证明你们的选择是与众不同的。现在的我除了学生还有另外一种身份——艺人，没有之前那么多的时间和同学们在一起玩耍，身边的朋友会常常提醒我注意身体，说起来还挺感人的，他们也会抱怨我说都不跟他们一起玩了，虽然现在的我没有过多的时间出去活动，但渐渐适应了这种生活，因为开始喜欢除了学生身份还有另外一种身份的生活吧，所以很快便适应了，慢慢地发现，有时候去练歌、练舞、活动，这也是一种减压方式，对我来说，这就是放松，这就是休息。也谢谢公司这么多年的培养与爱护，让我们在 TF 家族这个大家庭中更好更健康地成长着。同时，我也要感谢我爱和爱我的家人，他们给了我生命，教导我做人，他们教导我要做个正直而不虚假的人，他们教我处事，提出最中肯的意见。我不会觉得他们啰唆，因为他们是无私爱我的，我真的很感谢他们。”

从这封信里可以看出，TFBOYS 队长非常懂得感恩，很珍惜机会，而且，无论是在唱歌、跳舞还是学习方面，也都是非常努力的。所以，李小凡同学作为 TFBOYS 的粉丝，既然把他们当作偶像，是不是也要像他们那样不懈奋斗、懂得感恩、勇往直前呢？而在向他们学习的过程中，你也许会发现，其实自己也是夜空中最亮的星呢！

人生是一个不断模仿、学习与创新的历程。作为学生，在崇拜明星的同时，更要树立自己的人生目标，与其追星，不如让自己成为最亮的明星。保持健康的心态，积极锻炼各种能力，正确辨别生活中的是非善恶，做到对自己的行为负责，不但不会陷入盲目迷恋明星而无法自拔，而且还会通过努力过上自己想过的生活。

TFBOYS 的粉丝们，让 TFBOYS 的歌声伴你们前行，努力做自己夜空中最亮的星，好吗？

你的潜能就像深藏不露的泉水

青春故事

曾启媛：我觉得自己一无是处：小眼睛眯成一条缝儿，一张大脸盘配着塌鼻梁，皮肤很黑……我的天！父母的缺点几乎全部在我脸上显现。真怀疑我是不是脸朝地降生到人间的。

更要命的是，我有强大的胃、愿意不断咀嚼的牙齿和无底洞一般的嘴。所以，我的身材——简直不能称为身材，圆滚滚、矮坨坨……无法描述了！

以前，我并没有觉得自己有多寒碜，可是，迈入初中以后，看到女生们的彩裙都花枝招展地飞舞着，我心生自卑。怪不得没有多少男生主动找我说话，难道，他们也嫌弃我这样扎眼的面容和体形吗？

随着科目增多，我的学习也有点儿吃力了。在小学时，我的考试成绩不算太差。可是，现在上初中了，课堂上老师讲得很少，大部分时间都是让我们自学。我哪里会自学？只要老师不发一份学案，我就不知道自己该干什么。没办法，习惯了老师布置学习任务、我尽力完成就可以的生活。

那天中午，在宿舍里，不知道谁说自己长大想当一名歌星。其他人都随声附和，说她嗓音甜美、模样俊俏，将来一定是明星的料儿。然后，大家畅所欲言，都在设想着自己的美好未来。

我只默默地当着听众。我想了想，忽然发现自己似乎什么也干不成。没有甜美的嗓音，没有挺拔的身材，没有俊俏的面容，没有傲人的成绩……天哪！我竟然感到自己似乎没有未来了。

长相难看，学习吃力，没有朋友，我还有什么理由不自卑呢？所以，那天上课，老师让我们用成语描述一下自己，我挖空心思后只想到了一个成语：一无是处。对，我觉得自己各个方面都一无是处。

老师大吃一惊，表示不认同。她还让全班同学一起给我找优点。“心地善良、憨厚老实、善解人意、一丝不苟……”听着同学们你一言我一语地“夸我”，我简直不相信自己的耳朵。他们眼里的我，真的是这样的吗？或者，大家是为了安慰我才用那些词语夸我呢？

仪老师，我真的有些迷惑不解了！

心灵驿站

仪老师：在我看来，曾启媛能把自己的这些迷惑告诉我，这本身就是很大的优点。一个人在成长的过程中，或多或少都会遇到问题或困惑。有的人为了面子而选择闷在心里，害怕别人知道，担心说出来遭到别人的耻笑。而曾启媛能大胆地诉说，说明她是有勇气面对问题的，也是愿意为自己负责的。

我也相信同学们对她的看法都是真实的。他们发现的那些品质，不是看一眼就能知道，绝对是在与她交往的过程中而产生的真实感受。在初中生这个年纪，即便是为了安慰人，也不会突兀地找出这样的词来表达他们对启媛的看法。启媛的身上一定具备这些优点，而且拥有这些优点的启媛也让大家喜欢。

启媛说自己一无是处是不合适的，是自卑心理在作怪。说到这里，不能不说一下有些中学生可能会出现的自卑心理。自卑是一种消极的自我评价或者自我意识。一个自卑的人，往往过低地评价自己的形象、能力和品质，夸大自己的弱点，觉得自己事事不如别人，在人前自惭形秽，丧失信心、悲观失望、不思进取，甚至走向沉沦。一旦遇到挫折，哪怕是很小的挫折，都可能会放弃所有的一切。

有些自卑的学生，会采取避免与他人交往的方式，来掩盖自身的不足，缓解自己的心理压力，这种行为可能会起到一定的作用，但时间久了则会让人产生孤独、悲观的感觉，一旦形成闭锁心理，情况会更加糟糕。

造成自卑的原因有很多，自我认识不足则是造成自卑的很重要的原因。美国心理学家艾利斯认为，自卑等负性情绪体验主要是个体对事物的某些不合理观念造成的。因为成绩不好、外貌不如别人，就认为别人一定看不起自己，就认为自己一无是处，这是一种错误的心理和评价。自卑心理的产生，还可能与个人的成长经历有关。比如：习惯了成为焦点和人们关注的中心，有的家长灌输的成名成家的思想，误导了所谓成功的方向。一旦感觉自己不再成为关注的焦点、不能获得大人们眼中所谓的成功，就会产生自卑心理。一部分人的性格特点也容易产生自卑心理。一般来说，那些气质抑郁、性格内向的人对周围事物的感受性强，对事物带来的消极后果往往有放大趋向，而且不容易将其消极体验及时宣泄和排解，当经过一番努力之后没有达到预期的理想效果，就会沮丧泄气，认为自己不行，从而产生自卑心理。

有人说自卑是心灵的钉子，是一剂毒药，说明自卑在人的生活中具有很大的消极作用。自卑会引起心理压力和紧张情绪，会激起逃避或退缩反应，自卑会抑制自信，导致焦虑产生，形成内在阻遏力，不利于人的健康成长，阻碍人追求幸福的生活。

如果出现了自卑心理，不要着急，要想方设法克服自卑。克服自卑心理，首先要对自己有正确的认识，就是通过全面、客观的认识，辩证地看待别人和自己。常言说："金无足赤，人无完人。"每个人都有自己的弱点和优点，我们要学会从潜意识肯定、鼓励、赞美自己，坦然地接受自己的优点，但也不忌讳自己的缺点。其次要改变评价标准，客观评价自己。不要以偏概全，盲目地自我否定。

克服自卑心理，要在生活中培养自信心。给心灵一个支点，就可以释放无限的潜能，这个支点就是自信。自信能使人乐观积极地面对各种问题，能使人发挥潜能、坚持方向、努力追求梦想。所以，我们要学会欣赏自己的优点和长处，找到自信的“支点”。比如启媛的理想和愿望就可以成为自信的支点。她说大家畅所欲言、都在设想着美好未来的时候，自己只默默地当着听众，发现自己似乎什么也干不成。我觉得这也是在自卑心理的冲击下，启媛忽略了自己的愿望，对自己的优点也缺乏慧眼发现。愿望，可以是一次考试取得进步，可以是三年努力考上满意的高中，可以是经过努力成为美食家、化妆师或者旅游家也说不定。我看启媛语言表达挺好的，多读书，多经历，多思想，说不定还能成为大作家呢！当然，要想把自己的愿望变成现实，还需要在生活中不断地努力。制定小目标，对自己降低期望值，降低对自己的要求，降低欲望，经过努力后实现目标，这样，让自己在生活中不断积累成功，不断尝试成功的喜悦，通过努力为自己增加成功的体验可以培养自信。同时，启媛也要正确地看待自己的不足和短处，要正视自己的不足，并想办法加以克服和弥补，使之变弱为强。举个简单的例子，比如启媛发现自己胖，觉得自己身材不好看，那她可以加强体育锻炼，同时在保证营养充足的前提下，控制好自己的嘴巴，随着年龄的增长，也许就变得苗条了呢。当然，这个过程并非一帆风顺，当遇到困难和阻力的时候，千万不要泄气，而是要进行积极自我暗示，默念“我行”“我能行”等，也能起到一定的作用。

人都是有潜能的，启媛的潜能就像深藏不露的泉水，需要用心挖掘。正处在花季年龄的启媛，就像一块璞玉，需要生活的打磨才能有光芒闪烁。有位作家说过：没有愿望，必是一个死寂的世界。看不到自身优点的人，必定也看不到他人的优点。优点和愿望，是每个人的双腿。

曾启媛，找到自己的优点，明确自己的愿望，让这两条无形但有力量的“双腿”伴自己成长！

用洪荒之力超越自己

柳欣宇： 里约奥运会早已结束，我的心情却因为两个人而久久不能平静。没错！一个是傅园慧，一个是孙杨。

实话实说，对傅园慧姐姐，之前我真没有注意过。像大家一样，看了她赛后接受采访的画面，我简直乐翻了天！尤其是她那句“我已经很满意了”“我已经用了洪荒之力了”，让我仿佛看到了自己的模样，平时我就是这么对待自己的学习成绩的！大家都对傅姐率真的言行点赞，说明没有什么比说真话、做真实的自己更可爱的了。这也让我想起班里的一些同学，整天戴着面具似的，在同学面前飞扬跋扈，在老师面前唯唯诺诺，从来不敢说真话表达自己的想法，看着真累啊！

还有，傅姐一不留神成了“网红”，这可是很多人挖空心思、不择手段、不惜一切想得到的结果，而用尽洪荒之力游出自己最高水平、获得半决赛第三的傅姐不经意间就做到了，看来，做“网红”也是要有实力的。

虽然我不是游泳健将，但我喜欢孙杨。当他以 0.13 秒屈居 400 米自由泳亚军的时候，我遗憾万分，当他抱着记者大哭时，我也泪流满面。我觉得凭实力孙杨是当之无愧的游泳之王，但是，可能比赛时他有点儿紧张。其实，我有过这样的经历！有一次期中考试，我太想获得第一证明自己的实力了，结果紧张过度导致睡眠不足而出现失误，连前三名都没进入。

令人气愤的是，获得冠军的澳大利亚选手霍顿，竟然口出恶言，在新闻发布会上表示“不想跟尿检呈阳性的人同场竞技”。他还向本国媒体披露，对孙杨的攻击并非图一时之快，而是蓄谋已久，为的是扰乱孙杨心神。还好，孙杨没有受影响，在之后的200米自由泳决赛中获得冠军，用事实给了霍顿一记响亮的耳光。虽然此后孙杨带病出战1500米自由泳预赛无缘决赛，但他坚持到底就超越了自己。

仪老师，你看里约奥运会了吗？你有没有和我一样的感觉？

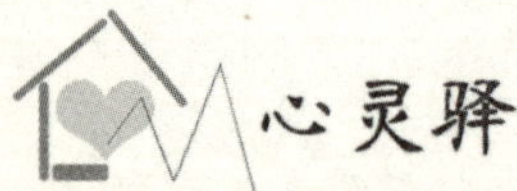

心灵驿站

仪老师：我看里约奥运会了。非常肯定地说，关于孙杨和傅园慧，我和柳欣宇的感觉是一样一样的！

我也觉得，在400米自由泳决赛中，凭实力孙杨获得冠军是当之无愧的，但可能因为太在乎“首金”，导致心理紧张。我也曾经无数次对学生们讲，无论比赛还是考试，胜败乃兵家常事，只要平时尽己所能付出努力，然后平心静气地参与就可以了，至于结果，真的不是一个“在乎”就能左右得了的。

我还注意到，面对霍顿的言辞，孙杨给予铿锵有力的回击，他说：“在奥运会的舞台上，每个参赛者都应当得到尊重，而不应该用一些卑鄙的小伎俩去影响对手。”据报道，孙杨是带病出战1500米自由泳预赛，虽然他是该项目的世界纪录保持者，但伦敦奥运会后他将训练重心转向200米和400米项目，1500米已不是他的主项。来到里约，孙杨在200米和400米自由泳上分获金、银牌，对于久疏赛场的孙杨来说，能取得这样的成绩已属不易。事实证明，虽然赛场上波折不断，但孙杨不再是昔日那个有点情绪化的莽撞少年，他在心理和言行上都超越了自己！

我也喜欢傅园慧。平时认真训练，比赛时用尽洪荒之力去拼搏，真的就没有什么遗憾了。快乐享受比赛的过程，坦然接受比赛的结果，这才是真正的奥运精神的体现！尤其是傅园慧接受采访时发自内心的感言，我非常喜欢！说真话、做真实的自己，这才是我们要努力追求的。

不过，我要强调的是，真实地做自己，并非不分场合地为所欲为，想说啥就说啥、想干什么就干什么。那些在公共场所高声喧哗、把鞋一脱就来个“葛优躺”的做法，不是率真，而是没有教养的表现。做自己想做的事，说自己想说的话，也是要以不影响别人、不侵犯他人合法利益、不违反法律和道德为前提的。

最后，我想说，祝贺这两位勇敢的游泳健将，尽己所能为国争光，在不断超越自己中健康成长。

希望青少年们像孙杨和傅园慧那样，努力做自己应该做的事、做自己喜欢做的事、过自己想过的生活。记住：不断超越自己的人是最棒的！

“拒绝”才是明智的选择

青春故事

盛国华：随着上课铃声响起，我的新同桌闫小奇和几个男生一起拉拉扯扯着走进教室。顿时，一股浓浓的烟味立刻在教室里飘起，有的女生甚至捂住了鼻子。大家议论纷纷并表示抗议，音乐老师费了很大的劲儿才将大伙的怒火平息。下课以后，不知道是谁把这件事告诉了班主任，于是，班主任轰轰烈烈的调查立即开始。

一查便知：上音乐课之前的课间，闫小奇和几个男生躲在卫生间里抽烟了。抽完烟以后，他们都脱下了外衣，在洗手间里甩了甩，以为这样就可以把衣服上的烟味甩掉，没想到回到教室以后，衣服上的烟味依然很大，还把班里的同学惹怒了。据说，他们抽的这些烟是闫小奇从家里偷偷拿来的。更加让人大跌眼镜的是，闫小奇等几个同学，不但在课间偷偷抽烟，而且他们还在周末的时候，聚集在家里一起喝酒呢！

班主任知道这些情况以后非常生气，不但让所有参与抽烟、喝酒的男生面壁思过，而且还让他们停课写检查，甚至在班里公开说，要把他们的家长叫到学校谈话。

闫小奇吓坏了。别看平时他是那种看起来天不怕地不怕的主儿，但是，只要提到他爸爸，他就立即像烈日下的喇叭花一样无精打采了。我一直感到很奇怪，但不知道这是为什么。这一次，闫小奇乖乖地写了长长两页纸的检查，并当着全班同学的面深深地表示了忏悔和以后坚决不再抽烟、喝酒的决心，这件事情才算作罢。

回到座位上，闫小奇一脸彷徨。我不知道如何劝说他，只好说："还好，班主任没有叫你爸爸来学校谈话，否则，你偷拿他的香烟，回家后你爸爸可能会打你的！"

没想到闫小奇白了我一眼，说："你是真不知道还是装傻？"

我莫名其妙地看着他："怎么啦？知道什么？什么装傻？"

闫小奇又白了我一眼，面无表情地说："你不知道也罢！"

后来，我听说，原来闫小奇的爸爸是一个官员，因为贪污受贿被判刑关进监狱了。怪不得他那么害怕老师叫家长来学校呢。

不过，让我感到很不理解的是，既然知道自己的爸爸因为违法犯罪而受到了惩罚，闫小奇为什么不引以为戒、严格遵守校规校纪呢？仪老师，难道他是在用抽烟、喝酒来排解自己的忧愁和烦恼吗？

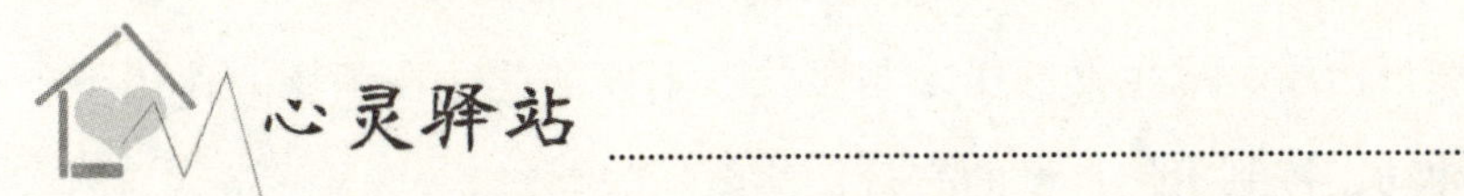

仪老师：盛国华的猜测是有一定道理的，爸爸因为违法犯罪而受到了惩罚，闫小奇的心里一定是非常难过的，他很可能是用抽烟、喝酒来麻痹自己。

但是，初中生抽烟、喝酒，可能还存在另外一些原因。比如，有的学生好奇心很强，看到别人吞云吐雾、仰头豪饮很享受的模样，自己就想亲自尝一尝；有些初中生觉得自己已经长大，需要得到成人一样的尊重，于是就模仿成人的样子抽烟、喝酒，以显示自己的"成人"气概。还有一部分学生，受到电影电视剧情节误导，认为吸烟能表现出自己思想的成熟，喝酒能表现出自己男子汉豪爽、洒脱的风度，便不顾自己的实际情况，而模仿影视剧中的人物饮酒、抽烟。当然，也有些家长在孩子成长的过程中起了不良的示范作用，不但经常当着孩子的面吸烟、喝酒，而且一时兴起，还故意让孩子进行尝试。其实，这是很不负责任的做法。殊不知，有些孩子就是在这样的尝试中对烟酒产生好感，并逐渐养成不良嗜好的。

资料显示：烟酒对人的健康都会有不良影响。科学早已证明，香烟中的尼古丁是“隐性杀手”。一支香烟中含尼古丁6～8微克，20支香烟中的尼古丁就能毒死一头牛，如果给人一次注射60微克尼古丁，马上就会引起呼吸系统麻痹，危及生命。尼古丁还是致癌的主要元凶。香烟中的一氧化碳，会大量夺取与血红蛋白结合的氧气，使人体处于缺氧状态，从而影响整个机体的健康。至于“累了时，吸烟可以提神”的说法，是根本没有科学依据的。所谓“提神”，只是脑神经细胞受刺激引起的暂时兴奋，几分钟后就麻痹了。长此以往，大脑会变得更加迟钝。吸烟不仅危及自己的生命，烟雾中的有毒物质还会殃及他人的健康，使他人“被动吸烟”，毒素在肺部蓄积，造成肺部的损坏甚至癌变。

聊完了烟，咱再来说一说酒。酒中含有乙醇（酒精）等对人体有害的物质，对人的神经系统有麻痹和抑制作用，会损害人的胃肠、肝、胰等器官，常喝酒还会影响蛋白质、维生素的摄入与吸收。不仅如此，在酒精的作用下，有的人很容易冲动，控制不住自己的言行，甚至酿成大错。

青少年正处在生长发育的重要阶段，吸烟、喝酒不但对身体健康有不好的影响，而且对尚未健全的心灵也会有很大的危害。据专家讲，几乎所有吸烟的孩子都存在体质差的问题，他们生病的概率大大增高，体力与耐受力降低，记忆力、灵敏度降低。也有老师反映，那些经常吸烟的学生，在课堂上的注意力不能持久、理解力变差。

有人说，燃烧的不仅是香烟，更是健康的指数；飘散的不仅是烟雾，更是生命的长度。有人说，母亲节之后儿童节之前有一个世界无烟日，这是提醒我们，上有老下有小，为了家人的健康，远离香烟！还有人说，酒可能是让人快乐的玉液琼浆，也可能是葬送幸福的罪恶毒汁。

因为吸烟、喝酒会对健康造成极大的危害，青少年一定要避而远之。首先要增强自觉拒绝烟酒的意识，控制好奇心、不盲目模仿影视剧人物，远离烟酒。其次，由于心智尚未成熟，有些学生因为讲哥们义气、好奇心驱使，或者是受到朋友的怂恿、劝说，最后经受不住诱惑而加入了抽烟、喝酒的行列。所以青少年还要慎重交友，明辨是非善恶，做出正确的判断和选择。当然，作为家长，不但要以身示范，尽量远离烟酒，还要严格把关，无论经济条件如何，都不要给孩子太多的零花钱，不要为孩子购买烟酒创造条件。

另外，请大家记住：一个气质优雅、谈吐得体、内涵丰富的人，是不会通过抽烟、喝酒的方式来展示自己魅力的。试想，当你吞云吐雾的时候，当你醉醺醺走路不稳的时候，人们避之唯恐不及，谁还会驻足欣赏你的“风度”呢？

你看，吸烟、喝酒不但危害健康，还有损形象。所以，对中学生来说，面对烟酒的诱惑，拒绝才是明智的选择。

做自己情绪的主人

冷靖宇： 毫不谦虚地说，小学时候的我是一个学霸，无论什么样的考试，年级第一名几乎永远是我的。可是，升入初中后的前两次考试，我竟然都没有进入班级前十的行列。这让我非常不爽，寒假时调整了学习方法，制订了学习计划，减少玩耍时间，复习旧知识、预习新课程，终于在新学期第一次考试中获得了全班第一名，这也让大家对我刮目相看。我很兴奋，别人不以为然的一点儿小事，我就情不自禁地放声大笑，弄得大家都莫名其妙。不可否认，那段时间，我确实有些飘飘然，认为自己真的很不简单，在这个高手林立的班里终于出人头地，我沾沾自喜。

可是，暑假前的期末考试，我不但没考第一，而且也没考进班级前十。知道成绩的那晚上，我的情绪低落到了极点，躺在床上辗转反侧难以入眠。我想起自己考了第一时洋洋得意的样子，觉得现在考出这样差的成绩真是丢人现眼，我不敢想象班里的同学会怎么看我。

第二天，到校后我依然满脸颓然，同桌吴小龙连讽带刺地说："冷靖宇，咱班里小学时的学霸很多，第一名可不是那么好拿的！上一次你考试得了第一是抄的吧？"

什么？他竟然说我考第一是抄的！我顿时火冒三丈，举起拳头就打了过去。吴小龙躲闪不及，眼镜镜片被打飞了，鲜血立即从他脸上流了下来。

班里的同学都吓坏了，班长赶紧去找班主任。看着吴小龙鲜血直流的样子，我傻眼了，如果伤到吴小龙的眼睛可就惨了。他不就是说了几句风凉话嘛，也许是跟我开玩笑呢！再说了，事实就是事实，他说我是抄的就是抄的吗？多大点事啊，我竟然这么冲动，把人家打成这个样子……仪老师，我是不是有什么毛病啊？

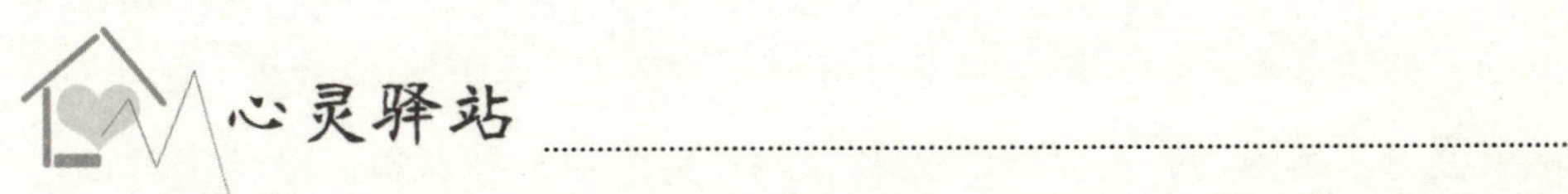

仪老师：首先，我十分肯定地说，冷靖宇没有毛病，只是情绪冲动惹的祸。在说冷靖宇的问题之前，我请大家先看一个网络上很火的故事。

一只骆驼在沙漠里长途跋涉，正午的太阳像一个大火球，晒得它又饿又渴、焦躁万分，骆驼一肚子火，不知道该往哪儿发才好。

正在这时，一块玻璃瓶的碎片把它的脚掌硌了一下。疲劳的骆驼顿时火冒三丈，抬起脚狠狠地将碎片踢了出去，却不小心将脚掌划开了一道深深的口子，鲜红的血液顿时染红了沙粒。生气的骆驼一瘸一拐地走着，血迹引来了空中的秃鹫，它叫着在天空盘旋着，骆驼被吓得狂奔起来……

跑到沙漠边缘时，浓重的血腥味引来了附近沙漠里的狼，疲惫再加流血过多，无力的骆驼像只无头苍蝇般东奔西闯，仓皇中跑到了一处食人蚁的巢穴附近。鲜血的腥味儿，惹得食人蚁倾巢而出，黑压压地向骆驼扑过去。

一眨眼，食人蚁就像一块黑色的毯子把骆驼裹了个严严实实，不一会儿，可怜的骆驼就鲜血淋漓地倒在地上了。

临死前，骆驼追悔莫及地哀叹：我为什么要跟一块小小的碎玻璃生气呢？

故事讲完了，感觉很惊心动魄是吧？你看，骆驼因为一块小小的碎玻璃，没有控制好自己的情绪，最后竟然失去了生命，实在是可惜。

情绪可分为积极情绪和消极情绪。人的需要是否得到满足，是情绪产生变化的一个重要原因。当人的需要得到一定的满足时，就会产生积极情绪，如喜悦、兴奋等；当人的需要得不到满足或事与愿违时，往往会产生消极情绪，如忧愁、愤怒等。生活中，我们每个人都可能遇到不同的事情，处在不同的情境当中，所以情绪也会随之发生一定的变化。

进入青春期，青少年的情绪普遍具有以下特点：比较敏感，不稳定；比较强烈，相对脆弱；变化迅速，不持久；容易冲动、缺乏理智控制，等等。当期望的目标达到或者自己的需要得到满足之后，就会竭尽全力地表达内心的感受，如欣喜若狂、大喊大叫等；当个人的愿望不能达到或者事与愿违时，情绪就会越来越激动，甚至难以控制，表现为激愤、狂怒等。冷靖宇考试得了班级第一时就心花怒放，当考试失利时因为同学的几句话就举拳相向，就是这种青春期情绪状态的典型反映。

情绪不同，作用各异，不同的情绪会对人正常才能的发挥产生不同的影响。积极的情绪能够使人思维敏捷，体力充沛，精力旺盛，有利于个人正确地认识事物、分析和解决问题，从而能使自己的水平正常发挥，甚至还可能超常发挥。而当人的情绪消极时，情况则相反。

不同情绪会对人的身心健康产生不同的影响。长期保持积极的情绪，能增强人的机体免疫能力，有益于身心健康。相反，人若长期处于抑郁、紧张、焦虑等情绪之中，则会对身心健康产生不良影响，甚至引发疾病。

那么，我们应该怎样调控自己的情绪呢？借鉴专家的研究，可以采取以下方法：

认知调节：面对同样的问题，换个角度去看，问题可能就会迎刃而解。比如漫画中，你可能看到的是个花瓶，也可能看到的是两个女孩的头像，关键的是你关注的是白色部分，还是黑色部分。所以遇到问题时可以与对方进行心理换位，站在对方的角度想一想，理解宽容对方。

理智控制：在陷入消极情绪时，可主动调动理智的力量，用意志力和理智来控制，冷静分析，主动调整自己的看法和态度，使消极情绪减弱。

心理放松：通过深呼吸放松肌肉来调节情绪，例如考试前闭上眼睛，深呼吸，然后把气慢慢放出来；再深呼吸……如此持续几个循环，你会发现自己慢慢就会平静下来。

行为调节：有意识地把注意力转到其他事物或活动上，通过欣赏自然风光、做运动、听音乐等活动来调节情绪。

表情调节法：到镜子面前，对着自己做鬼脸，你会发现自己也可以逗自己笑，笑起来其实也很可爱，不开心的情绪也就不见了。

同时还要注意，生活中要及时宣泄消极情绪。如找老师或朋友、拨打心理咨询热线等倾诉一下；跑跑步、打打球、登山、游泳等；写信、作画、记日记、练书法等，但要注意宣泄方式要正确。有一个少年因为天天沉迷于上网玩游戏，他爸爸一气之下揍了他，这让他非常恼火。夜深了，他仍然无法消除自己愤怒的情绪，于是趁父母都睡着的时候，在房间里放了一把火，然后就离家去了附近的网吧。他没想到，这把火不但烧死了亲弟弟，而且还使得父母因严重烧伤住进了医院，他也被当地警方刑事拘留了。

如果当时这个少年能选择合适的方法调控自己的情绪，或者选择正确的方式让自己的不良情绪得以宣泄，就不会酿成大祸、走上违法犯罪的道路了。所以，情绪的宣泄要在道德和法律允许的范围内进行。

有人说："如果吼叫能解决问题，驴子将统治整个世界。"这话听起来不无道理。还有人说："一个人，如果连自己的情绪都控制不了，即便给他整个世界，他也早晚会毁掉一切。"我觉得的确是这样的。

情绪多变是青少年阶段的特点，学会如何调控自己的情绪，也是不可或缺的一课。

当“优秀”成为需要

青春故事

郝艳丽：这事儿说出来确实挺丢人的！但如果有人愿意以我为鉴的话，那也是极好的。

那天下午，课外活动的时候，闻老师把我叫到办公室，说学校临时召开会议，让我替她把班里同学的期中考试成绩输到电脑里。

闻老师走后，我快速翻看了试卷，发现自己的等级是个B，这让我沮丧不已。在别人眼里，作为课代表的我学习非常努力，考个A绝对没有问题。可是，这次考试之前，因为我要参加学校学生会主席的竞选，根本就没有认真复习。考试的时候，我大着胆子拿出复习资料准备作弊，结果被监考老师发现并立即没收了，我只好硬着头皮乱写一气，考个B也是意料之中的事。

我把等级一一输到电脑里，看到大家的成绩都很优异，我心里更加着急。这个B的等级，一定会让我失去班里优秀生的位置，那样的话，妈妈非得气疯了不可。因为从小学开始，我的优秀一直是妈妈理直气壮向别人炫耀的武器。

怎么办呢？独自留在办公室里，我绞尽脑汁。忽然，一个主意跳入脑海里，鬼使神差地，我马上用A替换了我的等级B。

闻老师回来的时候，我告诉她，我想立即就把试卷发下去，省得同学们急于知道成绩而来办公室翻看试卷吵得老师们无法办公和休息。闻老师毫不犹豫就同意让我把试卷拿走，我是她的得力助手，这一点她深信不疑。

可是，等吃完晚饭回到教室，闻老师却又把我叫到办公室，问我有没有可能把同学的等级输错了。我心里开始打鼓，难道我偷改等级的事被闻老师发现了？不太可能啊，老师教着五个班呢，那么多人的成绩怎么可能都记得住？想到这里，我信誓旦旦地说："绝对没问题，我输完后仔细检查了两遍呢。"闻老师看了看我，没再说什么，只是让我把还没有发下去的卷子拿回来给她看看。

一听老师要把试卷拿回来看看，我就立即慌乱了。怎么办？如果闻老师看到我的试卷，我给自己改等级的事就暴露无遗了。我忽然想起隔壁班的试卷也在我手里，于是，我立即找出小学同学夏雪的卷子，我俩有几乎相同的字迹。她得了满分，当然是个A，我用修正液快速把夏雪的名字涂掉，改成了我的名字，然后把夏雪的卷子放在我班里交给了闻老师。闻老师翻看了一下，没说什么，但是让我把卷子留在了她的办公室。

我以为这件事情终于糊弄过去了，可是，第二天课间操的时候，闻老师又把我叫到办公室，夏雪也站在那里。

"你确信这是你的试卷吗？"闻老师拿着卷子，满脸严肃地问我。

我无言以对，也尴尬至极。我知道，这种弄虚作假的行为真的是非常可耻。可是，想想妈妈，我不能不如此看重自己的成绩啊！仪老师，你说我该咋办呢？

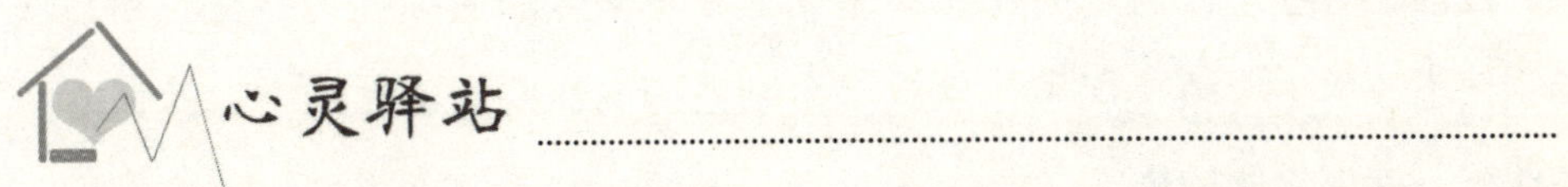

仪老师：说实话，看完郝艳丽的故事，我也有一种被惊吓的感觉。

毫不夸张地说，幸亏她的老师发现及时，如果郝艳丽这一次改等级得逞了，以后她可能还会采取类似的手段让自己获得优秀的成绩。如果是那样，她真的会害了自己。

郝艳丽的这种弄虚作假的行为，比考试作弊还恶劣。回想在平常考试中，总是有学生作弊的现象发生。虽然各个学校也都针对作弊行为出台相应的惩罚措施，但是，作弊行为一直没有绝迹。

究竟是什么原因让郝艳丽等这些孩子如此看重自己的成绩呢?

据一份调查报告分析，个别学生觉得作弊很刺激，在老师的监控下作弊成功会有成就感；部分学生家长凡事都替孩子承担，孩子养成了坐享其成的习惯，在不愿努力学习又要面子的情况下而选择作弊；部分学生受社会上一些不劳而获等不良风气的影响，不以作弊为耻；而大部分学生考试作弊或者偷改分数，主要是因为家长和老师太重视学习成绩，往往以成绩的好坏衡量一个孩子的优劣。所以，有些学生认为，要获得老师和家长的肯定，自己就必须获得优秀的成绩，而一旦能力达不到，就采取考试作弊、偷改成绩等恶劣方式。

郝艳丽就属于这种。可以看出，她的“优秀”已经成为妈妈炫耀的资本。虽然因为准备竞选学生会主席没有好好复习而考试失利，但为了满足妈妈的“需要”，她忽略了诚实的重要性，忘记了考试作弊、偷改成绩和道德品质有很大关系，从而做出了弄虚作假的事，也把自己置于尴尬的境地。

郝艳丽的妈妈应该反思：究竟是要孩子优秀的成绩还是优秀的品质？一个成绩优秀但不诚实的孩子，将来在社会上能否有立足之地可想而知。作为家长，为满足虚荣心而给孩子压力以致她做错事，真的是得不偿失。

目前，有些学校仍然把教师的绩效工资与学生的成绩挂钩，在功利心理的驱使下，学生成绩“优秀”就成了个别老师的需要，这无形中也助长了学生作弊、弄虚作假的风气。

“诚实守信”是中华民族传统美德的一个重要规范。我国古代著名的教育家孔子说：“人而无信，不知其可也。大车无輗(ní)，小车无軏(yuè)，其何以行之哉!”这就是说，一个人，如果失去“信”，就像车子没有轮中的关键一样，是一步也不能行走的。他认为，在社会生活中，“信”是一个人立身之本，如果没有诚信，也就失去了做人的基本条件。德国著名诗人海涅也曾经说过：“生命不可能从谎言中开出灿烂的鲜花。”可见，诚信是一种美德，是最好的处世之道和立世智慧，是做人、做事的准则。

诚实是一个人的基本品质，保持诚实的美德是走向成功的基石！诚信是做人的根本，是立身处世的准则，是每个人都应恪守的基本道德规范，是衡量一个人品行优劣的道德标准之一。作为学生，想通过努力让自己的学习成绩更加优秀，本无可厚非且难能可贵，但为了满足别人的“需要”而采取弄虚作假的方式让自己变得“优秀”很不可取。品质的优秀无与伦比！所以，我们既要努力学习争取获得优秀的成绩，更要努力培养自己诚实守信的优秀品质。

作为家长和老师，不但要以身作则诚实守信，不做弄虚作假的事，而且对于弄虚作假的学生，还应立即进行批评教育，甚至采取相应的处罚措施，以增强学生为自己错误行为负责的意识。

诚信是火焰，给人希望，给人温暖；诚信是明镜，给人准则，给人借鉴。中华民族有重承诺、守信义、以诚立业、以信取人的道德传统，诚信是做人之本，立事之根。我们国家也在倡导，要“让失信者寸步难行，让守信者一路畅通”。

让诚信扎根于我们的心灵，让诚信与我们同行！

千万别做这样的“傻瓜”

青春故事

贾晴： 周六的上午，我上网查资料的时候，突然看到一个悲剧：一个15岁的男孩，因为考试成绩不理想，被家长说了两句，一气之下就从自家25楼跳下，因伤势过重，当场死亡。

“唉，真是个傻瓜！这点儿事还值得自杀？”我自言自语道。

“贾晴，你说什么？”正在卧室整理衣橱的妈妈立即跑到书房，大惊失色地看着我。妈妈是电视台的主持人，从不开玩笑，如果我说要嫁给王俊凯，她也会信以为真的。

看到妈妈的反应如此强烈，我立即说：“没什么，没什么。”

可是，我的两个“没什么”似乎是更加欲盖弥彰了。妈妈走到我面前，一字一顿地说：“我明明听见你说‘自杀’！”她一脸惊恐。

唉，我真怀疑妈妈有顺风耳，或者，主持人的听力都这么敏锐吗？因为自己不小心触到了妈妈敏感的神经系统，为了不让妈妈胡思乱想，我只好把刚才看到的事情轻描淡写地重复了一遍。

本以为这样会息事宁人，万万没想到，妈妈听罢竟然两眼泛着泪花，她顺势坐到沙发上，字正腔圆的播报就开始了：“每一个生命从孕育、出生到长大，是非常不容易的。知道你在妈妈的肚子里安营扎寨之后，我立即剪掉了心爱的长发，把漂亮的高跟鞋束之高阁；我天天素颜，丝毫不顾及领导怎么看；我不再逛商场，我不让自己生病……我要尽己所能，把可能伤害到你的风险都拒之身外。我出现强烈的反应，每吃完一餐就呕吐不止，我就吐完了再吃，吃完了再吐，一直到反应结束……我的内脏被你挤压变了形，你还会在我的肚子里不停地蹿来蹿去。经历近十个月的辛苦，你终于要出生了。知道吗？一个妈妈就仿佛接受皮鞭抽打达48小时，才能生出自己的孩子……你看，生命的孕育，是一个充满风险和艰辛的过程。你说，那些动不动就自杀的孩子，对得起自己的妈妈吗？”

终于，妈妈播报结束。我赶紧偎依着妈妈，做个鬼脸并灿烂地说：“我是那种不珍惜生命的人吗？我是妈妈来之不易的天使，我要和妈妈共享天伦之乐，我还要嫁给优秀的王俊凯呢！”妈妈满意地笑了。

那些因为成绩不好或者挨了批评就轻易想自杀的孩子，赶快让我妈妈给你上一课吧！

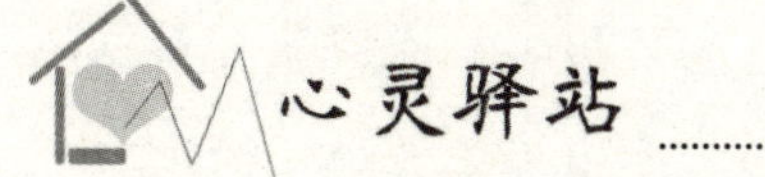

仪老师：听到女儿说“自杀”两个字，贾晴妈妈的反应貌似小题大做，但的确是可以理解的。据报道，时下确实有些孩子不懂得珍惜自己的生命：不愿意按照学校的要求剪头发，就从自家窗户跳下；因作业未完成怕挨批评就上吊自杀；因为上课看小说、下象棋，被班主任叫到办公室批评了，就从四楼教室一跃而下……这些报道让人感到震惊又心痛。初中生正处于人生最美的花季年龄，应该是胸怀梦想、满怀激情，脸上始终洋溢着幸福和憧憬，怎么能轻易就以极端的方式结束自己宝贵的生命呢？

造成这些悲剧的原因是多方面的。也许是家长没有做好示范，也许是学校淡化了生命教育，滋生了一些漠视生命的行为。但是，最重要的是这些孩子没有认识到生命的宝贵，没有学会珍惜爱护自己的生命！

生命是做所有事情的基础，是享受生活、实现梦想的前提。头发剪了，还能再长；作业没完成，可以再补上；考试成绩不好，可以再努力争取进步；挨了老师批评，如果是因为自己在某些方面做得不符合要求或者不够好，以后慢慢改正就行；如果是被老师误解了，找个合适的时间和老师谈一谈，是可以消除误会的……你看，只要生命存在，这些问题都是可以解决的。可是，就像前面提到的那些孩子，遇到困难、挫折和不如意时，选择以极端的方式结束自己的生命，除了留给父母无尽的伤痛，让世人唏嘘不已，能够解决什么问题？

生命只有一次，是今世不可重生的宝贵财富。据我观察，几乎每一个孩子都被父母视为心肝宝贝、掌上明珠，都被视为上天赐予自己享受天伦之乐的天使。一个生命的诞生、成长，既凝聚着几代人的心血，也会给几代人带来快乐。生命比头发重要，比批评重要，比学习重要，比什么都重要……

罗曼·罗兰说：唯独人生，只有去程票，没有返程票。人生的旅途，有去无回，因此，人生的分分秒秒也就显得格外珍贵。

世界这么大，你想去看看吗？你想实现自己的梦想吗？你想拥有自己的工作室吗？你想打篮球、设计动漫游戏吗？你想吃遍世界美食吗？你想研究浩渺的太空吗？你想过上自己想过的幸福生活吗？

那么，从现在开始，请珍爱自己的生命吧！

注意！危险可能就在身边

青春故事

阚勇：暑假里，按照学校要求，我们小组的同学相约到福利院参加社会实践活动。我们带着牛奶、花生油等，也带着抹布，准备看望完福利院的老人后，再尽己所能帮助福利院的阿姨打扫卫生。

这样的实践活动，爸爸妈妈一直支持我积极参加。妈妈说，福利院的老人一般都是无儿无女的，他们很孤单，我们抽空去陪伴一下、为他们做点力所能及的事也是应该的。

只是，我们组有一个人让我感到有点儿意外，他就是吴达。他不仅两手空空地来了，而且什么活儿也不干。同学们先是给老人们唱歌跳舞，然后又拿起抹布打扫卫生，个个干得热火朝天，他却站在一边玩手机。等我们干完活儿准备离开的时候，他竟然也拿出自己的实践活动计划书，让福利院的叔叔盖章。见过脸皮厚的，没见过这么厚的！大家都以白眼视之。

走出福利院，大家都是汗流满面，几个男生的衣服都被汗水浸湿了一大片。

吴达说："前面不远就是水库，咱去那里游泳吧，凉快一下。"

几个男生一听可以游泳，都立即响应。

我曾经和爸爸一起去那个水库边上玩过，水库深不见底。而且，最近雨水特别多，谁知道哪个地方又出现什么情况呢，万一陷进去，丢了性命也说不定。

“不能去！那个水库我去过，挺危险的。前几天电视上报道过，有几个小学生因为下河游泳意外被淹死了，难道你们没看见？再说了，放假前咱不是和学校签了协议了吗？坚决不到危险的地方去玩。大家坚持一下，回家冲澡吧，或者到正规的游泳池去游泳也行。那水库情况不明，真的存在危险！”作为组长，我很负责地对大家说。

“签协议就是例行公事，你还当真了！我奶奶家就在那水库边上住，我经常去玩，根本就没有危险。谁不敢去，谁就是胆小鬼！”吴达很不以为然，他不断地朝我翻着白眼说。

几个男生犹豫了，可能觉得我和吴达所说都有道理。大家用衣服擦着汗，满脸为难。

“既然签了协议，我们就得按照协议做事，这叫信守承诺！水库的情况不熟，容易发生危险，一旦发生危险，后悔也就晚了。走吧，赶紧回家！”说着，我率先骑上自行车，几个男生也紧跟着我。

可是，走了一会儿，我不放心地回头看，却没有发现吴达。他不会是独自到水库游泳去了吧？我心里忽然感到有些不安！

心灵驿站

仪老师：阚勇和同学暑假里相约去福利院奉献爱心的行为非常值得肯定！这种社会实践活动，不但奉献了自己的爱心，给他人带来了温暖和感动，而且，还能够通过实践活动了解社会，增强社会责任意识，提升自己各方面的能力。

今天，我想重点说一说吴达去水库游泳的事。阚勇及时制止了想跟随吴达到水库游泳的同学，这是非常负责任的。每到夏天，水库里的水会出现无法估计的状况，贸然去游泳真的非常危险。每年暑假，总能从电视或报刊上看到一些地方出现少年儿童溺水死亡的事，让人心痛不已。目前，很多学生总觉得一切灾难与己无关或者离自己很远，却不知，生活中一些不可预期的危险可能就在身边。

我曾经看到一个调查资料显示，我国中小学生发生溺水、交通事故、食物中毒、建筑物倒塌等意外事故的，平均每天有40多人！这是一个可怕的数据，它警示着我们，日常生活中，少年儿童必须遵守校规校纪、严格自律，不断增强自我保护意识，掌握一些自我保护常识，提高自我保护能力。比如，不到危险的地方去游泳，不玩易燃易爆物品，遵守交通规则，学会防止溺水、触电、烧伤的技能等，避免意外和危险的发生。

除此之外，少年儿童在生活中还有可能遇到一些不法分子的侵害，比如被勒索、拐骗、绑架等，侵害一旦发生，掌握一些自我保护的方法和技能就至关重要。首先，少年儿童要正确利用网络，不随便与陌生网友见面，以免受到不法分子的控制和胁迫。当遇到歹徒不法侵害时，要尽力保持冷静，机智灵活地与其斗争，不要盲目冲动，是呼叫路人救助，还是拨打“110”报警，要根据实际情况做出选择。迫不得已时，两害相权取其轻，先保住自己的生命。

同时，在日常生活中，少年儿童还要认真上好体育课、积极锻炼身体，不吸烟、不喝酒、不挑食，注意日常饮食卫生，坚决远离毒品，以保证自己健康成长。当然，我们在珍惜、爱护自己生命的同时，也要爱护、尊重他人的生命。

生命只有一次，自我保护至关重要！因为，危险可能就在你身边！

你扰民了！

青春故事

段华庆：掐指算了算，离初三下学期的期末考试还有十三天。

周六的早上，在声音异常响亮的闹钟的提醒下，我早早起了床。迅速梳洗完毕，妈妈也已经把饭摆在了饭桌上。我狼吞虎咽般吃完饭，然后立即就坐在书桌前，准备把上一周学过的内容再复习梳理一遍。

妈妈不止一次对我说过，只要我平时认真努力学习了，就不必太在乎考试的结果。她还说，对于考试结果，光在乎是不够的，平时必须得好好下功夫。对于这样的话题，老师们的说法和妈妈如出一辙。

这些我都懂！毫不谦虚地说，从小学到现在，我的学习成绩还是很不错的。尤其是临近新年的期末考试，我从来都是严阵以待，丝毫不敢懈怠。原因很简单，好成绩能让我轻轻松松地走亲串友，欢欢喜喜地过大年。爸爸和妈妈的亲戚特别多，他们似乎有一个共同的特点，一见面就喜欢问东问西，孩子的学习成绩更是不容错过。当然，我的好成绩总是为爸爸妈妈的脸上增光，虽然妈妈并不以为然。

可是，那天，我刚刚去了趟洗手间的工夫，窗外就响起了刺耳的喇叭声："跳楼啦！跳楼啦！"

啊？谁跳楼啦？谁跳楼啦？跳楼还有这样先用喇叭吆喝的吗？我连忙跑到阳台上，透过玻璃窗向外观望。

可是，除了发现一个脚步蹒跚的老爷爷正在颤巍巍地慢慢挪动着，其他的我什么也没看见。

"妈妈，谁要跳楼啦？我听见有人吆喝跳楼呢。"我跑到厨房，刚说完，窗外的喇叭声又响起来了："跳楼啦跳楼啦……"

妈妈正在洗碗，她关上水阀，侧耳一听，然后就笑了，说："你的耳朵怎么啦？明明是有人在喊跳楼价跳楼价，这是商场在搞促销呢！"

听妈妈这么一说，我仔细一听，喇叭里喊的确实是"跳楼价"。我习惯性地哈哈大笑，以自我解嘲，然后立即回到书房，准备复习。

万万没有想到的是，这个大喊着"跳楼价"的喇叭声只是一个开始。仅仅过了一会儿，震耳欲聋的锣鼓声就密集起来了，而且大有响彻云霄之势。我感到有点儿烦躁，连忙去阳台关窗户。可是，因为近几日雾霾严重，家里的窗户都一直紧闭着呢。

我又连忙回到卧室，找出耳机戴上，心烦意乱，久久不能平静。因为我忽然发现了一个让人沮丧的事实：在我家小区的对面，就是一个规模很大的商场，商场里还有一个大型超市，商场的外面是一个比较宽敞的广场，商场经常在那里搞促销。

我的天！这个周六周日，是我备战期末考试的黄金时间，他们这样锣鼓喧天的，严重影响了我的生活，我该怎么办？城管怎么不来管一管呢？小区的居民呢？难道愿意这样被打扰吗？为了不被打扰，难道我们还要搬家吗？在这个城市，哪里有不被打扰的角落呢？

仪老师，你有没有这样的烦恼呢？

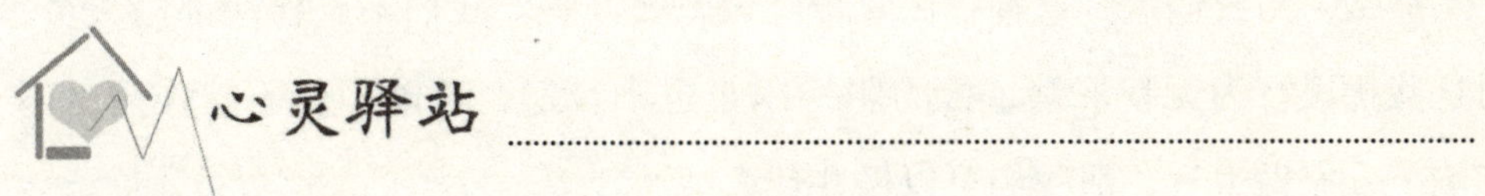

仪老师： 我相信，生活中有过段华庆这样经历的人不在少数。

毋庸置疑，叫卖是商贩招揽生意的一种方式，也是商贩的权利，但门店的宣传和商贩的叫卖声，如果超过规定范围就成了噪音污染，不但会影响周围人正常的生产、生活，影响人们的学习和工作，妨碍他人休息，还容易引发社会问题。

商贩叫卖和商家宣传，都是要以不干扰别人、不侵犯他人权利为前提的。宣传叫卖时，商家应换位思考，考虑他人的感受，叫卖不能声嘶力竭，既要体现自身的文明素养，也要尊重他人的权利。如果商贩叫卖时不考虑他人的感受，不但是缺乏规则意识的表现，而且违反了社会公德，甚至侵犯了他人的合法权利。

《中华人民共和国环境噪声污染防治法》第四十四条规定，禁止在商业经营活动中使用高音喇叭或者采用其他发出高噪音的方法招揽顾客。第四十五条规定，禁止任何单位、个人在城市市区噪声敏感建筑物集中区域内使用高音广播喇叭。《中华人民共和国治安管理处罚法》第五十八条规定，违反关于社会生活噪声污染防治的法律规定，制造噪声干扰他人正常生活的，处以警告；警告后不改正的，处200元以上500元以下罚款。

消除噪音，要靠商场自觉。眼下市场竞争越来越激烈，要想吸引消费者的眼球，提高企业产品的知名度，搞各种促销活动确实也是一种选择。商家用播放广告、歌曲来吸引消费者的行为本无可厚非，但也要在法律法规允许的范围内。所以，有人建议商家以更理智、更优雅的“绿色促销”方式，取代狂躁叫卖法，树立自身良好的品牌形象。商家应该树立遵章守纪、合法经营的理念，充分意识到噪声污染的危害，自觉遵守噪声管理规定，通过改善经营环境、提高服务质量来吸引顾客。

那么，当我们遇到这种扰民宣传应该怎么办呢？我们不是执法部门人员，对这些扰民行为无权取缔，极力阻拦制止也不合适，可能不但不起作用，还影响了人家做生意。那我们可以做些什么呢？

首先，我们可以善意提醒一下商贩或商家，叫卖和宣传的声音放小一些。如果他们态度强硬且不做改变，依然我行我素继续扰民，可以找商场的管理者或者当地居委会出面协调，力争和平解决。

其次，如果商场活动声势过大，可向城管部门投诉。有记者曾经采访过城管工作人员，他们表示，如果时间、地点、规模、范围等方面超出了标准，市民可投诉到城管部门，届时城管部门工作人员会到现场进行调查落实，并予以管制。的确，管理部门加大执法力度，严肃处理大量制造噪音的违规商家，并对屡次违规的对象实施逐次加重处罚的办法，还是非常有效的。

当然，作为市民则可考虑把涉及制造高噪音的低劣促销行为的商家或产品拖进“黑名单”，不去消费这类商品，不去此类活动现场围观。受到干扰的附近居民也可以拿起法律武器，向公安部门举报和投诉，以维护自己的合法权益。

无论是商贩还是其他公民，都应自觉遵守社会公德，遵守国家法律规定，不断提升自身素养，共同促进社会和谐。

后 记

2016年的3月，一个充满惊喜的春天。我忽然接到中国少年儿童出版社《儿童文学》杂志丁顺华编辑的信息，说儿童文学公众号要开设一个新的专栏，邀请我做主讲嘉宾。

我二话没说欣然应允，这个信息让我感到意外又很开心，我想的更多的不是稿费的多少，而是自己能否把这个栏目做好，让读者真的能有所收获。

经过沟通交流之后，我按照栏目要求写出了样稿并得到了丁编辑的认可。于是，2016年3月24日，“秘密花园”正式与读者见面了。第一次看到载有自己照片的专栏，我更多的是忐忑不安。我几乎天天翻看读者的留言，希望通过这些留言，看看他们对这个栏目和这些文章的反应。还好，大家都给予肯定。能得到编辑和读者的肯定，这让我信心倍增。在接下来的几乎所有的业余时间里，收集材料，查阅资料，结合自己二十几年的教育教学和心理咨询经验，我想尽己所能地把初中阶段学生在学校及生活中可能会遇到的、会出现的心理问题、困惑等，有重点地进行叙述和分析。

就这样，到2017年3月底，整整一年的时间，“秘密花园”栏目已经有24篇文章与读者见面。让我感到开心的是，每一篇文章的阅读量都很高，加上

《儿童文学》其他网络平台、我的微博等，可统计读者上万名。通过读者的留言来看，他们阅读完每一篇文章之后，多多少少都有一定的收获，有的读者还提出了自己的困惑和问题，这恰恰是我最想看到的，这也让我很有成就感。

2017 年春节前夕，我意外接到山东教育出版社刘卫红主任的电话，她邀我录制一个系列讲座，准备在山东教育出版社的鲁教视通网播出。我仍然是二话没说欣然应允，并立即开始了准备工作。那个寒假的大部分时间，我几乎一直待在书桌前，并按照计划准备好了录制脚本和课件等资料。虽然录制工作因为各种原因延后了一段时间，录制脚本也修改了三遍，但最后的结果是，不但我的系列讲座视频在鲁教视通网播出了，而且，同声音频也在山东教育出版社的另一个平台“小荷听书”栏目播出。我觉得，哪怕有一个学生或者家长看后或听后有所收获，预防或解决了自己面临的问题或者困惑，我们的工作和付出都是值得的。

2017 年 10 月 21 日，受济南出版社和新华书店的邀请，我参加了潍坊新华书店《李木子的秘密》系列图书的签售活动。我觉得在家门口参加活动，自己能做的事情自己做就可以了，可是，济南出版社派了三位年轻编辑提前一天来潍坊陪着。他们陪我走进潍坊卧龙学校和潍坊育英学校，分别为初中和小学的孩子们举办了公益讲座。编辑们的到来让我倍受感动。签售圆满结束之后，姚晓亮编辑问起了我的近期创作情况，并希望我能把已经初步完成的两部书稿给他看，这本书就是其中之一。

济南出版社的张伟卿主任看过电子稿之后，立即组织编辑们着手这本书的选题申报工作。当时的姜山编辑甚至跑到山东书城拍了大量的图书信息供我参考。大家还一起为一个满意的书名而绞尽脑汁、各抒己见。最后，综合各方面的建议，才有了“谢谢你讲给我听”这个书名。

我只是一名普通初中教师，业余时间做了自己喜欢做的事，从来没有想过自己会得到这样的待遇，但《儿童文学》、山东教育出版社和济南出版社的这么多编辑，都对这些关注青少年心理健康成长的内容给予高度认可，并都给了我良好的平台，让我传播自己的感悟和收获。我一直觉得，这是对我充分的肯定，也是对我极大的鼓励。当然，我的这些经历，可能也会给所有见到这本书的读者一个启示，那就是：请相信会有奇迹，只要你愿意静心努力。

这本书以《儿童文学》公众号专栏“秘密花园”的内容为基础，涵盖了山东教育出版社录制的讲座视频和音频内容，主要选取了中学生常见的一些典型的心理现象，如早恋、网络游戏、自卑自闭、嫉妒、逆反、偶像崇拜等，还有当下比较受关注的校园欺凌、二孩现象，通过大量生动的实例和心理干预，对学生进行心理疏导和引领，帮助孩子们安全走过青春期。本书收录的青春故事都是来源于中学生的真实经历（为保护当事人采用了化名并进行了信息整合），典型且具体，我希望自己能以个案反映学生青春期容易出现的共性现象，对问题的解答贴近学生的心理，能引起孩子们的共鸣。我力求叙事与说理相结合，故事叙述流畅生动、原汁原味，分析解答深入浅出、有理有据。我希望这些问题和案例、解析和诊断、建议和对策，都能有针对性地帮助青少年预防或者解决生活中的实际问题和困惑，也为父母和老师了解青春期孩子的心理特点并进行正确疏导提供参考。

感谢所有信任我并愿意把自己的心事讲给我听的广大读者！感谢多年来一直鼓励、支持、帮助我的各位领导和亲朋好友！特别感谢对本书付出很多心血的济南出版社的张伟卿主任和姚晓亮编辑！我相信，让我们不计得失携手同行的是我们共同的初心：坚持为孩子们的健康成长做力所能及的事。

很多事情也许能够一蹴而就，但教育孩子确实需要细水长流。防患于未然是最好的选择，等孩子出了问题再去着手解决可能就麻烦许多，也不可能出现立竿见影的效果。所以，真心希望少年儿童的家长们能抽空翻一翻这本书。

我相信：只要你愿意静心阅读，一定会有所收获。

仪修文
2018 年 2 月 13 日